Mastering
GCSE Spanish
Most Important Verbs

Workbook

For the 9-1 exams

This workbook belongs to

Name: _____ Class: _____

Acknowledgements

The Author would like to thank the following for their free images (from Pixabay)
Papagnoc & OpenClipartVectors (Cover) ; Patricio Hurtado(p63/1); Cherylt23 (p63/2)

Table of Contents

0. Quiz	1		21. Ponerse a	42
1. Acabar de	2		22. Querer	44
2. Comenzar	4		23. Saber	46
3. Continuar	6		24. Seguir	48
4. Dar	8		25. Ser	50
5. Darse cuenta de	10		26. Soler	52
6. Deber	12		27. Tener	54

7. Decidir	14		28. Tener que	56
8. Dejar de	16		29. Volver a	58
9. Echar	18		30. Volverse	60
10. Empezar	20		31. Hay/había/hubo/habrá/habría	62
11. Estar	22		32. Hay que	64
12. Hacer	24		33. Gustar and gustar-like verbs	66
13. Ir	26		34. Reflexive verbs 1	68

14. Ir a	28		35. Reflexive verbs 2	70
15. Irse	30		36. The imperative mood Tú Form	72
16. Necesitar	32			
17. Ocurrir	34			
18. Pasar	36			
19. Poder	38			
20. Poner	40			

The answers to this workbook are located at www.silviasotoreece.com

O. QUIZ

1. In which tense is the verb in this sentence?
La Tomatina ocurrirá el 26 de agosto.
A. present
B. future
C. preterite

2. In which tense is the verb in this sentence?
Los profesores son muy simpáticos.
A. preterite
B. future
C. present

3. How many verbs are there in this sentence?
Ayer hizo mucho frio, pero hoy hace calor.
A. 1
B. 2
C. 3

4. What is the imperfect of 'hace'?
A. hacía
B. hizo
C. hará

5. How many verbs are there in this sentence?
Primero me lavo los dientes y después me ducho.
A. 1
B. 2
C. 3

6. Which sentence is written correctly?
A. Seguiré repasando los apuntes.
B. Seguiré repasar los apuntes.
C. Seguiré repaso los apuntes.

7. Which sentence is written correctly?
A. Tengo que hacer los deberes.
B. Tengo que hago los deberes.
C. Tengo que hecho los deberes.

8. Which word is the verb in this sentence?
Las clases comienzan a las ocho y media.
A. clases
B. comienzan
C. ocho y media

9. Which word is the verb in this sentence?
El sábado que viene iré a una fiesta.
A. sábado
B. iré
C. fiesta

10. Which word is the verb in this sentence?
Me molesta el aire contaminado.
A. me molesta
B. aire
C. contaminado

11. What is the preterite of 'es'?
A. era
B. fue
C. será

12. Which word is the verb in this sentence?
Me duelen las piernas y los pies.
A. me duelen
B. las piernas
C. los pies

13. Which sentence is written correctly?
A. Mis hermanos suelen dormir temprano.
B. Mis hermanos suele dormir temprano.
C. Mis hermanos solemos dormir temprano.

14. Which sentence is written correctly?
A. No se debe corro en los pasillos.
B. No se debe correr en los pasillos.
C. No se debe corrido en los pasillos

The answers to this quiz are located at www.silviasotoreece.com

1. ACABAR DE

= To have just

Regular -AR verb ending
Infinitive: acabar de
Present participle (gerund): acabando de
Past Participle: acabado de

Indicative

	Present	Imperfect	Preterite	Simple Future	Conditional
yo	acabo de	acababa de	acabé de	acabaré de	acabaría de
tú	acabas de	acababas de	acabaste de	acabarás de	acabarías de
él, ella, Ud.	acaba de	acababa de	acabó de	acabará de	acabaría de
nosotros	acabamos de	acabábamos de	acabamos de	acabaremos de	acabaríamos de
vosotros	acabáis de	acababais de	acabasteis de	acabaréis de	acabaríais de
ellos, ellas, Uds.	acaban de	acababan de	acabaron de	acabarán de	acabarían de

Subjunctive / Compound Tenses

	Present	Imperfect -ra form	Perfect	Pluperfect
yo	acabe de	acabara de	he acabado de	había acabado de
tú	acabes de	acabaras de	has acabado de	habías acabado de
él, ella, Ud.	acabe de	acabara de	ha acabado de	había acabado de
nosotros	acabemos de	acabáramos de	hemos acabado de	habíamos acabado de
vosotros	acabéis de	acabarais de	habéis acabado de	habíais acabado de
ellos, ellas, Uds.	acaben de	acabaran de	han acabado de	habían acabado de

EXAMPLES

1. Yo acabo de llegar del colegio.
I have just got back from school.

2. Mi hermana acaba de salir con las amigas.
My sister has just gone out with her friends.

3. Acabo de escuchar música.
I have just listened to music.

4. Juan acaba de hacer los deberes.
Juan has just done his homework.

5. María acaba de hablar con su amiga Susana.
Maria has just spoken to her friend Susana.

6. Mis padres habían acabado de comer cuando volví a casa.
My parents had just eaten when I returned home.

7. Un momento, por favor. Estamos acabando de cenar.
A moment, please. We are just about to finish dinner.

8. Yo estaba acabando de ducharme cuando mi hermano llegó.
I was just about to finish my shower when my brother arrived.

Exercise 1.1 Fill in the blanks with the correct tense of the verb 'acabar de' + the infinitive given.

Ex. Yo ___*acabo de beber*___ una limonada (to drink)

A. Yo _____ un libro muy interesante. (to read)

B. María _____ pescado y patatas fritas. (to eat)

C. Mi madre _____ una sopa de pollo. (to make)

D. Mis compañeros _____ un partido de baloncesto. (to win)

E. Mi novia _____ de España. (to arrive)

F. Yo _____ unos zapatos de cuero. (to buy)

Exercise 1.2 Translate into English.

A. Acabo de ver un documental de naturaleza.

_____

B. Mi hermano acaba de comprar un portátil.

_____

C. Ellos acaban de comer pastel.

_____

D. Nosotros acabamos de nadar en el mar.

_____

E. Mi padre acaba de llegar del trabajo.

_____

F. Vosotros acabáis de jugar al baloncesto.

_____

G. Acabas de sacar fotos.

_____

2. COMENZAR

= To begin, to start

Regular -AR verb ending
Infinitive: comenzar
Present participle (gerund): comenzando
Past Participle: comenzado

Indicative

	Present	Imperfect	Preterite	Simple Future	Conditional
yo	comienzo	comenzaba	comencé	comenzaré	comenzaría
tú	comienzas	comenzabas	comenzaste	comenzarás	comenzarías
él, ella, Ud.	comienza	comenzaba	comenzó	comenzará	comenzaría
nosotros	comenzamos	comenzábamos	comenzamos	comenzaremos	comenzaríamos
vosotros	comenzáis	comenzabais	comenzasteis	comenzaréis	comenzaríais
ellos, ellas, Uds.	comienzan	comenzaban	comenzaron	comenzarán	comenzarían

Subjunctive | Compound Tenses

	Present	Imperfect -ra form	Perfect	Pluperfect
yo	comience	comenzara	he comenzado	había comenzado
tú	comiences	comenzaras	has comenzado	habías comenzado
él, ella, Ud.	comience	comenzara	ha comenzado	había comenzado
nosotros	comencemos	comenzáramos	hemos comenzado	habíamos comenzado
vosotros	comencéis	comenzarais	habéis comenzado	habíais comenzado
ellos, ellas, Uds.	comiencen	comenzaran	han comenzado	habían comenzado

EXAMPLES

1. Ayer comencé a repasar los apuntes.
Yesterday I started reviewing my notes.

2. María comenzó a estudiar aquí el septiembre pasado.
Maria started studying here last September.

3. Las vacaciones comienzan de nuevo.
The holidays start again.

4. Los exámenes comenzarán en mayo.
The exams will start in May.

5. Comenzaré a aprender francés pronto.
I will start learning French soon.

6. Mis padres comenzarán a caminar mañana.
My parents will start walking tomorrow.

7. Mi amiga está comenzando un curso de cocina hoy.
My friend is starting a cooking course today.

8. Yo estaba comenzando a dibujar cuando mi hermano el travieso apagó la luz.
I was starting to draw when my naughty brother turned off the light.

Exercise 2.1 Identify the correct tense. ☐ N for Now, ☐ P for Past or ☐ F for Future.

A. El profesor de geografía comenzó ☐ a hablar sin parar y yo comencé ☐ a dormir.

B. Las clases comienzan ☐ a las ocho y media.

C. Normalmente mi equipo comienza ☐ a entrenar a las nueve todos los días.

D. Mis padres comenzarán ☐ a ayudarme con los deberes a partir de la semana que viene.

E. El mes pasado nosotros comenzamos ☐ a trabajar duro para ganar dinero.

Exercise 2.2 Fill in the blanks with the correct tense of the verb 'comenzar'.

A. Mi hermana _____ a estudiar un idioma nuevo mañana. (Simple Future)

B. Ayer yo _____ a comer sano. (Preterite)

C. Mi padre me dijo que _____ a ver la tele a partir de las nueve esta noche. (Conditional)

D. Coges el autobús antes (de) que _____ a llover. (Present Subjunctive)

E. Si _____ a estudiar a partir de hoy, creo que yo sacaría buenas notas. (Imperfect subjunctive)

Exercise 2.3 Translate into English.

A. Mi madre comenzó a preparar la cena a las seis.

_____

B. Comenzaremos con los exámenes en mayo.

_____

C. Las clases comienzan a las nueve menos cuarto.

_____

D. Mis amigos comenzaron a jugar al baloncesto temprano.

_____

E. Mi hermano mayor comenzará a nadar para mantenerse en forma.

_____

3. CONTINUAR

= To continue, to carry on

Regular -AR verb ending

Infinitive: continuar

Present participle (gerund): continuando

Past Participle: continuado

Indicative

	Present	Imperfect	Preterite	Simple Future	Conditional
yo	continúo	continuaba	continué	continuaré	continuaría
tú	continúas	continuabas	continuaste	continuarás	continuarías
él, ella, Ud.	continúa	continuaba	continuó	continuará	continuaría
nosotros	continuamos	continuábamos	continuamos	continuaremos	continuaríamos
vosotros	continuáis	continuabais	continuasteis	continuaréis	continuaríais
ellos, ellas, Uds.	continúan	continuaban	continuaron	continuarán	continuarían

Subjunctive / Compound Tenses

	Present	Imperfect -ra form	Perfect	Pluperfect
yo	continúe	continuara	he continuado	había continuado
tú	continúes	continuaras	has continuado	habías continuado
él, ella, Ud.	continúe	continuara	ha continuado	había continuado
nosotros	continuemos	continuáramos	hemos continuado	habíamos continuado
vosotros	continuéis	continuarais	habéis continuado	habíais continuado
ellos, ellas, Uds.	continúen	continuaran	han continuado	habían continuado

EXAMPLES

1. Sí continúas así, no sacarás buenas notas.
If you carry on like this, you will not get good grades.

2. Desde ayer, el tiempo continúa estable.
Since Yesterday the weather remains stable.

3. Si saco buenas notas continuaré mis estudios en septiembre.
If I get good grades I will continue with my studies in September.

4. La chica continuaba a perder peso.
The girl carried on losing weight.

5. Los alumnos continuarán leyendo el mismo libro.
The pupils will continue reading the same book.

6. Continúo bebiendo mucha agua.
I carry on drinking a lot of water.

7. Las matemáticas son difíciles por eso he continuado estudiarlas todos los días.
Maths is difficult so I have carried on studying it every day.

8. Nuestro colegio está continuando con clubes de deberes después de las clases.
Our school is carrying on with homework clubs after school.

Exercise 3.1 Identify the subject (I, You, He/she/it, We, They) and the correct tense of the verb 'continuar'.

Ex. **Continuamos** a luchar por los derechos de las mujeres.
We – (Indicative) Present.

A. **He continuado** haciendo los deberes, como siempre.

_____

B. Mi madre **continúa** trabajando en un despacho de abogados.

_____

C. La serie La casa de papel **continuará** mañana a las ocho.

_____

D. El tiempo **continuaba** cambiando a menudo.

_____

E. Lluvias e inundaciones **continuarán** la próxima semana.

_____

Exercise 3.2 Match the English with the Spanish.

A. ☐ The child carried on drawing on the table.

B. ☐ It was already late evening, but the noise continued on the streets.

C ☐ After break we carried on talking non-stop and the teacher got really annoyed.

D. ☐ She did not have money but carried on helping children on the streets the best possible.

E. ☐ The police will carry on with the investigations.

1. Después del recreo continuamos charlando sin parar y el profesor se fastidió mucho.

2. Ella no tenía dinero, pero continuó ayudando a los niños de la calle lo mejor posible.

3. La policía continuará las investigaciones.

4. El niño continuaba dibujando en la mesa.

5. Ya era tarde en la noche, pero el ruido continuaba en las calles.

4. DAR

= To give

Irregular verb
Infinitive: dar
Present participle (gerund): dando
Past Participle: dado

Indicative

	Present	Imperfect	Preterite	Simple Future	Conditional
yo	doy	daba	di	daré	daría
tú	das	dabas	diste	darás	darías
él, ella, Ud.	da	daba	dio	dará	daría
nosotros	damos	dábamos	dimos	daremos	daríamos
vosotros	dais	dabais	disteis	daréis	daríais
ellos, ellas, Uds.	dan	daban	dieron	darán	darían

Subjunctive

Compound Tenses

	Present	Imperfect -ra form	Perfect	Pluperfect
yo	dé	diera	he dado	había dado
tú	des	dieras	has dado	habías dado
él, ella, Ud.	dé	diera	ha dado	había dado
nosotros	demos	diéramos	hemos dado	habíamos dado
vosotros	deis	dierais	habéis dado	habíais dado
ellos, ellas, Uds.	den	dieran	han dado	habían dado

EXAMPLES

1. En Navidad, damos muchos regalos baratos.
At Christmas we give lots of cheap gifts.

2. ¿Has dado la pelota pequeña al perro?
Have you given the small ball to the dog?

3. Acaban de darme el empleo.
They have just given me the job.

4. Ayer di cinco euros a un 'sin techo'.
Yesterday I gave five euros to a homeless person.

5. Mis amigos me dieron una tarjeta de cumpleaños.
My Friends gave me a birthday card.

6. Hemos dado mucha ayuda a las personas que se drogan.
We have given a lot of help to people who take drugs.

7. Nuestra tienda solidaria está dando ropa a los niños pobres en el barrio.
Our charity shop is giving clothes to the poor children in the neighbourhood.

8. El año pasado mi hermano mayor estaba dando lecciones de inglés gratis en España.
Last year my brother was giving free English lessons in Spain.

Independent work ☐　　Homework ☐　　Extension ☐　　＿＿＿＿ / ＿＿＿＿ / ＿＿＿＿

Exercise 4.1 Identify the correct tense. ☐ N (Now), ☐ P (Past), ☐ F (Future) or ☐ C (Conditional).

A. ☐ Te daré un móvil nuevo.

B. ☐ Mi madre daba conciertos de música clásica cuando era más joven.

C. ☐ Los profesores nos dan muchos deberes.

D. ☐ El profe de matemáticas nos dio una tarea muy sencilla.

E. ☐ El sábado que viene daremos una fiesta.

F. ☐ Yo daría de comer a los animales.

Exercise 4.2 Fill in the blanks with the correct tense of the verb 'dar'.

A. Te ＿＿＿＿＿＿＿＿＿＿ todo y más (I, Conditional)

B. Después de la cena nosotros ＿＿＿＿＿＿＿＿＿＿ una vuelta por el parque. (Preterite)

C. Ellos ＿＿＿＿＿＿＿＿＿＿ dos pasos y pararon de nuevo. (Preterite)

D. Espero que esto ＿＿＿＿＿＿＿＿＿＿ resultado. (Present subjunctive)

E. A todos los estudiantes **les** ＿＿＿＿＿＿＿＿＿＿ tarjetas de identificación. (They, Simple future)

Exercise 4.3 Answer these questions as in the example.

Ex. ¿Tus profesores te dan muchos deberes?

Sí. Mis profesores *me dan muchos deberes* ☐OR☐ No. Mis profesores no *me dan muchos deberes*.

A ¿Tus padres te dan muchos regalos?

＿＿＿

B ¿Darías de comer a los animales?

＿＿＿

C ¿Has dado un paseo por el parque?

＿＿＿

5. DARSE CUENTA (DE)

= To realise, to become aware

Irregular verb

Infinitive: darse cuenta (de)

Present participle (gerund): dando, dándose cuenta (de)

Past Participle: dado cuenta (de)

Indicative

	Present	Imperfect	Preterite	Simple Future	Conditional
yo	me doy cuenta	me daba cuenta	me di cuenta	me daré cuenta	me daría cuenta
tú	te das cuenta	te dabas cuenta	te diste cuenta	te darás cuenta	te darías cuenta
él, ella, Ud.	se da cuenta	se daba cuenta	se dio cuenta	se dará cuenta	se daría cuenta
nosotros	nos damos cuenta	nos dábamos cuenta	nos dimos cuenta	nos daremos cuenta	nos daríamos cuenta
vosotros	os dais cuenta	os dabais cuenta	os disteis cuenta	os daréis cuenta	os daríais cuenta
ellos, ellas, Uds.	se dan cuenta	se daban cuenta	se dieron cuenta	se darán cuenta	se darían cuenta

Subjunctive · Compound Tenses

	Present	Imperfect -ra form	Perfect	Pluperfect
yo	me dé cuenta	me diera cuenta	me he dado cuenta	me había dado cuenta
tú	te des cuenta	te dieras cuenta	te has dado cuenta	te habías dado cuenta
él, ella, Ud.	se dé cuenta	se diera cuenta	se ha dado cuenta	se había dado cuenta
nosotros	nos demos cuenta	nos diéramos cuenta	nos hemos dado cuenta	nos habíamos dado cuenta
vosotros	os deis cuenta	os dierais cuenta	os habéis dado cuenta	os habíais dado cuenta
ellos, ellas, Uds.	se den cuenta	se dieran cuenta	se han dado cuenta	se habían dado cuenta

EXAMPLES

1. Está lloviendo. Sí, me doy cuenta.
It's raining. Yes, I am aware.

2. Me di cuenta de que no hice los deberes.
I realised I didn't do my homework.

3. Nos dimos cuenta de que llovía mucho.
We realised it was raining a lot.

4. Ex. ¿Cuándo te darás cuenta de que necesitas acostarte temprano?
When will you realised you need to go to bed early?

5. Él se dio cuenta de que era gordo.
He realised he was fat.

6. Ella se dio cuenta de que estaba enferma.
She realised she was ill.

7. Me estoy dando cuenta de que tengo que reciclar más.
I am becoming aware that I have to recycle more.

8. Los alumnos se estaban dando cuenta de que tenían mucho que hacer.
The pupils were realising they had a lot to do.

Exercise 5.1 Write the correct form of the verb 'darse cuenta' in the **preterite tense**.

Ex. María y Juan ___*se dieron cuenta*___

A. Mis padres _____   B. Vosotros _____
C. Yo _____   D. Tú _____
E. Mi hermano _____   F. Nosotros _____

Exercise 5.2 Fill in the blanks with the correct tense of the verb 'darse cuenta de'

Ex. Ellos no ___*se dieron cuenta de*___ que estaban tirando basura en la calle (Preterite)

A. ¿Tú _____ que tienes un montón de deberes? (Perfect)

B. Yo _____ que eres muy tonto. (Perfect)

C. Ella _____ que no era tan joven como antes. (Preterite)

D. Mi madre _____ que llegaré tarde. (Simple future)

E. Ellos _____ que el profesor de ciencias era bastante justo. (Preterite)

Exercise 5.3 Translate into Spanish.

A. Have you realised you have a lot of homework?

_____

B. I have realised you are very silly.

_____

C. She realised she was not as young as before.

_____

D. My mother will realise she paid a lot for the ticket.

_____

E. They realised the science teacher was quite fair.

_____

6. DEBER

= Should, must, ought
= To have to
= To owe (material things, favour)

Regular Verb
Infinitive: deber
Present participle (gerund): debiendo
Past Participle: debido

Indicative

	Present	Imperfect	Preterite	Simple Future	Conditional
yo	debo	debía	debí	deberé	debería
tú	debes	debías	debiste	deberás	deberías
él, ella, Ud.	debe	debía	debió	deberá	debería
nosotros	debemos	debíamos	debimos	deberemos	deberíamos
vosotros	debéis	debíais	debisteis	deberéis	deberíais
ellos, ellas, Uds.	deben	debían	debieron	deberán	deberían

Subjunctive / Compound Tenses

	Present	Imperfect -ra form	Perfect	Pluperfect
yo	deba	debiera	he debido	había debido
tú	debas	debieras	has debido	habías debido
él, ella, Ud.	deba	debiera	ha debido	había debido
nosotros	debamos	debiéramos	hemos debido	habíamos debido
vosotros	debáis	debierais	habéis debido	habíais debido
ellos, ellas, Uds.	deban	debieran	han debido	habían debido

EXAMPLES

1. Los países pobres deben mucho dinero.
Poor countries owe a lot of money.

2. Debemos ahorrar energía y agua.
We ought to/should save energy and water.

3. Deberíamos caminar más y comer menos comida basura.
We should walk more and eat less junk food.

4. Debo hacer mis deberes todos los días.
I must/I have to do my homework every day.

5. No debes tirar basura al suelo.
You shouldn't/must not throw rubbish on the floor.

6. El gobierno debería ayudar a los 'sin techo'
The government should help the homeless.

7. Nosotros los alumnos, debemos aprender bien.
We pupils should learn well.

8. Deberás repasar tus apuntes por lo menos una hora al día, si quieres sacar buenas notas.
You will have to review your notes for a least one hour daily if you want to get good grades.

9. Se debe llevar uniforme todos los días.
You must/one must wear uniform every day.

Exercise 6.1 Conjugate the verb 'deber' accordingly.

A. You should not smoke (present indicative)   _____ fumar.

B. We should recycle more. (Conditional)   _____ reciclar más

C. You must turn off the TV before leaving the house.   _____ apagar la tele antes de salir de casa.

D. One must protect vulnerable children.   ___*Se debe*___ proteger a los niños vulnerables.

E. People should eat healthier. (Conditional)   La gente _____ comer más sano.

Exercise 6.2 Match the English with the Spanish.

A. ☐ We must do our homework every day.

B. ☐ You/one must not run in the corridor.

C. ☐ You/one must not eat or drink during lessons.

D. ☐ We should study more.

E. ☐ You/one must respect other people.

1. No se debe comer o beber durante las lecciones.

2. Deberíamos estudiar más.

3. Debemos hacer los deberes todos los días.

4. Se debe respetar a los demás.

5. No se debe correr por el pasillo.

Exercise 6.3 Translate into English.

A. Las aulas deberían ser más grandes.

_____

B. Los profesores deberían dar menos deberes.

_____

C. Los alumnos deberían dormir más temprano.

_____

D. No se debe llevar vaqueros en el instituto.

_____

E. Se debe ser educado y no se debe tratar mal a otros estudiantes.

_____

7. DECIDIR

= To decide

Regular -IR verb
Infinitive: decidir
Present participle (gerund): decidiendo
Past Participle: decidido

Indicative

	Present	Imperfect	Preterite	Simple Future	Conditional
yo	decido	decidía	decidí	decidiré	decidiría
tú	decides	decidías	decidiste	decidirás	decidirías
él, ella, Ud.	decide	decidía	decidió	decidirá	decidiría
nosotros	decidimos	decidíamos	decidimos	decidiremos	decidiríamos
vosotros	decidís	decidíais	decidisteis	decidiréis	decidiríais
ellos, ellas, Uds.	deciden	decidían	decidieron	decidirán	decidirían

Subjunctive / Compound Tenses

	Present	Imperfect -ra form	Perfect	Pluperfect
yo	decida	decidiera	he decidido	había decidido
tú	decidas	decidieras	has decidido	habías decidido
él, ella, Ud.	decida	decidiera	ha decidido	había decidido
nosotros	decidamos	decidiéramos	hemos decidido	habíamos decidido
vosotros	decidáis	decidierais	habéis decidido	habíais decidido
ellos, ellas, Uds.	decidan	decidieran	han decidido	habían decidido

EXAMPLES

1. He decidido estudiar más y salir menos.
I have decided to study more and go out less.

2. El mes pasado mi madre decidió darme paga.
Last month my mum decided to give me pocket money.

3. Voy a pensar antes de que decida estudiar en el extranjero.
I'm going to think before I decide to study abroad.

4. Decidiré que hacer de la vida después de los exámenes.
I will decide what to do about life after the exams.

5. Ayer decidí comprar un móvil nuevo.
Yesterday I decided to buy a new mobile.

6. Todos decidimos que era mejor hacer un aprendizaje.
We all decided it was better to do an apprenticeship.

7. Estoy decidiendo que cursos quiero estudiar en septiembre.
I am deciding which courses I want to study in September.

8. ¿Qué pasa? Nada. Estaba decidiendo que comer para la cena.
What's up? Nothing. I was deciding what to eat for dinner.

Exercise 7.1 Match the English with the Spanish.

A. ☐ My school has decided to ban the use of mobile phones during break time.

B. ☐ I had decided to go out with my friends, but it was already too late.

C. ☐ This morning my sister decided to leave home early.

D. ☐ The Maths teacher decided to give me a detention at lunch time. What a bore!

E. ☐ I have decided to wear a coat today. It's very cold.

F. ☐ We decided to eat fast food last night.

1. Esta mañana, mi hermana decidió salir de casa temprano.

2. He decidido llevar abrigo hoy. Hace mucho frío.

3. Mi instituto ha decidido prohibir el uso de móviles durante el recreo.

4. Decidimos comer comida rápida anoche.

5. Había decidido salir con mis amigos, pero ya era muy tarde.

6. El profesor de matemáticas decidió darme un castigo durante la hora de comer. ¡Qué aburrimiento!

Exercise 7.2 Name the tenses of the conjugated verbs in **bold**.

Ex. _(Immediate) future_ **Vamos a decidir** pronto donde ir el verano que viene.

A. _____ Mi padre **había decidido** parar de fumar.

B. _____ Voy a hablar con el director antes (de) que **decida** cambiar de instituto.

C. _____ El mes pasado mis padres **decidieron** hacer las compras por Internet.

D. _____ Mi hermana mayor **ha decidido** buscar un trabajo.

E. _____ ¿**Habéis decidido** ir a la fiesta?

8. DEJAR DE

= To stop (doing something)

Regular -AR verb
Infinitive: dejar de
Present participle (gerund): dejando de
Past Participle: dejado de

Indicative

	Present	Imperfect	Preterite	Simple Future	Conditional
yo	dejo de	dejaba de	dejé de	dejaré de	dejaría de
tú	dejas de	dejabas de	dejaste de	dejarás de	dejarías de
él, ella, Ud.	deja de	dejaba de	dejó de	dejará de	dejaría de
nosotros	dejamos de	dejábamos de	dejamos de	dejaremos de	dejaríamos de
vosotros	dejáis de	dejabais de	dejasteis de	dejaréis de	dejaríais de
ellos, ellas, Uds.	dejan de	dejaban de	dejaron de	dejarán de	dejarían de

Subjunctive / Compound Tenses

	Present	Imperfect -ra form	Perfect	Pluperfect
yo	deje de	dejara de	he dejado de	había dejado de
tú	dejes de	dejaras de	has dejado de	habías dejado de
él, ella, Ud.	deje de	dejara de	ha dejado de	había dejado de
nosotros	dejemos de	dejáramos de	hemos dejado de	habíamos dejado de
vosotros	dejéis de	dejarais de	habéis dejado de	habíais dejado de
ellos, ellas, Uds.	dejen de	dejaran de	han dejado de	habían dejado de

EXAMPLES

1. Si tuviera dinero, dejaría de trabajar.
If I had money, I would stop working.

2. Si tuviera un coche dejaría de caminar.
If I had a car, I would stop walking.

3. Ayer dejé de ver la tele a las ocho por los deberes.
Yesterday I stopped watching television at eight because of my homework.

4. Los chicos han dejado de jugar.
The children have stopped playing.

5. Nosotros hemos dejado de chatear en clase.
We have stopped chatting in class.

6. Ya habíamos dejado de malgastar agua.
We had already stopped wasting water.

7. Mucha gente está dejando de usar Facebook.
Many people are stopping using Facebook.

8. Yo solo estaba dejando de estudiar por un tiempo para tomar un año libre.
I was only quitting my studies for a while to take a gap year.

Exercise 8.1 Fill in the blanks with the correct tense of the verb 'dejar'.

A. Mi amigo _____ de fumar.   ha dejado / hemos dejado / dejaron

B. Los niños _____ de correr.   dejó / dejé / dejaron

C. Mi hermana menor _____ de ser traviesa.   dejé / dejó / dejaste

D. Muchas personas _____ de viajar al extranjero.   dejaron / ha dejado / dejé

E. Ella _____ de enseñar el ano pasado.   han dejado / dejó / dejo

F. Las niñas _____ de hablar hace un rato.   dejaron / he dejado / has dejado

G. Yo _____ de comer comida basura desde hace un año.   hemos dejado / dejé / dejó

H. Yo _____ de ir a pie al instituto. Prefiero ir en bici.   dejaron / has dejado / he dejado

Exercise 8.2 Translate into English.

A. Mi amigo ha dejado de fumar.

_____

B. Los niños dejaron de correr en el parque y comenzaron a jugar al baloncesto.

_____

C. Mi hermana menor dejó de ser traviesa y empezó a comportarse bien.

_____

D. Muchas personas dejaron de viajar al extranjero.

_____

E. Ella dejó de conducir desde que tuvo un accidente.

_____

F. Las niñas dejaron de hablar y se fueron a dormir.

_____

9. ECHAR

= To throw

Regular -AR verb ending
Infinitive: echar
Present participle (gerund): echando
Past Participle: echado

Indicative

	Present	Imperfect	Preterite	Simple Future	Conditional
yo	echo	echaba	eché	echaré	echaría
tú	echas	echabas	echaste	echarás	echarías
él, ella, Ud.	echa	echaba	echó	echará	echaría
nosotros	echamos	echábamos	echamos	echaremos	echaríamos
vosotros	echáis	echabais	echasteis	echaréis	echaríais
ellos, ellas, Uds.	echan	echaban	echaron	echarán	echarían

Subjunctive / Compound Tenses

	Present	Imperfect -ra form	Perfect	Pluperfect
yo	eche	echara	he echado	había echado
tú	eches	echaras	has echado	habías echado
él, ella, Ud.	eche	echara	ha echado	había echado
nosotros	echemos	echáramos	hemos echado	habíamos echado
vosotros	echéis	echarais	habéis echado	habíais echado
ellos, ellas, Uds.	echen	echaran	han echado	habían echado

> Echar de menos = to miss someone

EXAMPLES

1. A diario, mucha gente echa comida a la basura.
Everyday many people throw food in the bin.

2. El alumno echó los libros al suelo.
The pupil threw the books on the floor.

3. Juan echó un bolígrafo a Mateo.
Juan threw a pen at Mateo.

4. Te eché de menos.
I missed you.

5. Echo de menos mi cama.
I miss my bed.

6. En la fiesta de la Tomatina la gente echa tomates rotos a la gente que no conoces.
At the Tomatina Festival people throw rotten tomatoes at people they don't know.

7. José estaba echando una fiesta cuando sus padres volvieron a casa.
Jose was throwing a party when his parents returned home.

8. Estamos echando toda la basura en su lugar.
We are throwing all the rubbish in its place.

Exercise 9.1 Circle the correct tense of the verb 'echar'.

A. Yo nunca he echado / echo la basura a la calle. (Perfect)

B. Te echaré / he echado de menos. (Simple future)

C. Los niños ha echado / echaron piedras a las ventanas. (Preterite)

D. Los alumnos han echado / echarán bolígrafos a la moqueta. (Perfect)

E. Ella echó / echará la carta al buzón después de la cena. (Simple future)

F. El ladrón echó / ha echado dinero en un saco. (Preterite)

Exercise 9.2 Match the conjugated verbs with their correct tenses.

A. ☐ Vosotros habéis echado

B. ☐ Que yo eche

C. ☐ Ella echaría

D. ☐ Nosotros echaremos

E. ☐ Ellos habían echado

F ☐ Tú echaste

G. ☐ Mi hermano echa

H. ☐ Nosotros echábamos

I. ☐ Ellas echarían

J. ☐ Que nosotros echemos

K. ☐ Vosotros habíais echado

L. ☐ Si nosotros echáramos

1. Imperfect (subjunctive)

2. You, pl. – Pluperfect

3. Present (subjunctive)

4. Perfect

5. Present (subjunctive)

6. Conditional

7. Simple future

8. Conditional

9. Imperfect (indicative)

10. Preterite

11. Present (indicative)

12. They – Pluperfect

10. EMPEZAR

= To begin, to start

Regular -AR verb with some stem change
Infinitive: empezar
Present participle (gerund): empezando
Past Participle: empezado

Indicative

	Present	Imperfect	Preterite	Simple Future	Conditional
yo	empiezo	empezaba	empecé	empezaré	empezaría
tú	empiezas	empezabas	empezaste	empezarás	empezarías
él, ella, Ud.	empieza	empezaba	empezó	empezará	empezaría
nosotros	empezamos	empezábamos	empezamos	empezaremos	empezaríamos
vosotros	empezáis	empezabais	empezasteis	empezaréis	empezaríais
ellos, ellas, Uds.	empiezan	empezaban	empezaron	empezarán	empezarían

Subjunctive / Compound Tenses

	Present	Imperfect -ra form	Perfect	Pluperfect
yo	empiece	empezara	he empezado	había empezado
tú	empieces	empezaras	has empezado	habías empezado
él, ella, Ud.	empiece	empezara	ha empezado	había empezado
nosotros	empecemos	empezáramos	hemos empezado	habíamos empezado
vosotros	empecéis	empezarais	habéis empezado	habíais empezado
ellos, ellas, Uds.	empiecen	empezaran	han empezado	habían empezado

EXAMPLES

1. Ayer empecé a repasar los apuntes.
Yesterday I started revising my notes.

2. María empezó a estudiar aquí el septiembre pasado.
Maria started to study here last September.

3. Las vacaciones empiezan hoy.
The holidays start today.

4. Hemos empezado a correr para perder peso.
We have started running (in order) to lose weight.

5. Empiezo mi día lavándome los dientes.
I start my day by brushing my teeth.

6. Empezamos la lección leyendo un libro.
We start the lesson by reading a book.

7. Estamos empezando el trabajo ahora.
We are starting the job now.

8. Estaba empezando a llover cuando volvimos del cine.
It was starting to rain when we returned from the cinema.

Exercise 10.1 Translate into English.

A. Mi madre empezó a ver su telenovela favorita a las ocho.

_____

B. Empezaremos con los exámenes en mayo.

_____

C. Las clases empiezan a las nueve menos cuarto.

_____

D. Esta mañana, mis amigos empezaron a jugar al baloncesto temprano.

_____

E. Mi hermano empezará el colegio en septiembre.

_____

F. Hemos empezado a trabajar como voluntarios en una tienda solidaria.

_____

G. Nuestra campaña educacional para cuidar el medioambiente empezará la semana que viene.

_____

H. Yo empezaría a nadar si tuviera tiempo.

_____

Exercise 10.2 Fill in the blanks with the correct tense of the verb 'empezar' in the indicative mood.

A. Mi hermana _____ a estudiar un idioma nuevo mañana. (Simple future)

B. Ayer yo y mi familia _____ a comer sano. (Preterite)

C. Normalmente mi equipo _____ a entrenar a las nueve todos los días. (Present)

D. Mis padres _____ a caminar después de la cena porque quieren mantenerse en forma. (Preterite)

E. El mes pasado ellos _____ a trabajar duro para ganar más dinero. (Preterite)

11. ESTAR

= To be

Irregular verb
Infinitive: estar
Present participle (gerund): estando
Past Participle: estado

Indicative

	Present	Imperfect	Preterite	Simple Future	Conditional
yo	estoy	estaba	estuve	estaré	estaría
tú	estás	estabas	estuviste	estarás	estarías
él, ella, Ud.	está	estaba	estuvo	estará	estaría
nosotros	estamos	estábamos	estuvimos	estaremos	estaríamos
vosotros	estáis	estabais	estuvisteis	estaréis	estaríais
ellos, ellas, Uds.	están	estaban	estuvieron	estarán	estarían

Subjunctive / Compound Tenses

	Present	Imperfect -ra form	Perfect	Pluperfect
yo	esté	estuviera	he estado	había estado
tú	estés	estuvieras	has estado	habías estado
él, ella, Ud.	esté	estuviera	ha estado	había estado
nosotros	estemos	estuviéramos	hemos estado	habíamos estado
vosotros	estéis	estuvierais	habéis estado	habíais estado
ellos, ellas, Uds.	estén	estuvieran	han estado	habían estado

EXAMPLES

The verb 'estar' is used for location, position and emotions.

1. Las chicas están contentas.
The girls are happy.

2. Si mi amigo estuviera aquí iríamos al cine.
If my Friend was here, we would go to the cinema.

3. Mi mochila está en el salón.
My school bag is in the lounge.

4. El profesor está alegre hoy.
The teacher is happy today.

5. La ventana está abierta.
The window is open.

6. La biblioteca está ubicada cerca del colegio.
The library is located near the school.

7. Las tiendas estarán cerradas el Viernes Santo.
The shops will be closed on Good Friday.

8. María está comprando unos zapatos nuevos.
Maria is buying new shoes.

9. Yo estaba viendo una película en mi portátil.
I was watching a movie in my laptop.

Exercise 11.1 Complete in the table with the correct form of the verb 'estar'.

	Present	Imperfect	Preterite	Simple Future	Conditional
yo					
tú					estarías
él, ella, Ud.		estaba			
nosotros	estamos				
vosotros				estaréis	
ellos, ellas, Uds.			estuvieron		

Exercise 11.2 Circle or underline the correct tense.

A. Mi novio está / están / estamos en España.

B. Yo estamos / estábamos / estoy escuchando música.

C. José y yo estarán / hemos estado / estaba jugando al baloncesto.

D. ¿Tú estáis / estás / está estudiando ahora?

E. ¿Vosotros estáis / estás / está haciendo los deberes?

Exercise 11.3 Translate into Spanish.

A. My dad is in Wales at the moment.

_____

B. The children are playing football in the garden.

_____

C. My younger sister is drawing in the kitchen.

_____

D. My mum was happy yesterday. She was in Paris with girlfriends.

_____

E. I cannot go out today because I am ill.

_____

12. HACER

= To make, to do

Irregular verb
Infinitive: hacer
Present participle (gerund): haciendo
Past Participle: hecho

Indicative

	Present	Imperfect	Preterite	Simple Future	Conditional
yo	hago	hacía	hice	haré	haría
tú	haces	hacías	hiciste	harás	harías
él, ella, Ud.	hace	hacía	hizo	hará	haría
nosotros	hacemos	hacíamos	hicimos	haremos	haríamos
vosotros	hacéis	hacíais	hicisteis	haréis	haríais
ellos, ellas, Uds.	hacen	hacían	hicieron	harán	harían

Subjunctive / Compound Tenses

	Present	Imperfect -ra form	Perfect	Pluperfect
yo	haga	hiciera	he hecho	había hecho
tú	hagas	hicieras	has hecho	habías hecho
él, ella, Ud.	haga	hiciera	ha hecho	había hecho
nosotros	hagamos	hiciéramos	hemos hecho	habíamos hecho
vosotros	hagáis	hicierais	habéis hecho	habíais hecho
ellos, ellas, Uds.	hagan	hicieran	han hecho	habían hecho

EXAMPLES

1. Me gusta cuando hace calor.
I like when it's hot (warm).

2. Ayer hizo mucho frío.
It was very cold yesterday.

3. ¿Piensas que hará viento mañana?
Do you think it will be windy tomorrow?

4. Hacía bastante sol durante las vacaciones.
It was quite sunny during the holidays.

5. Hizo mal tiempo anoche.
The weather was bad yesterday evening.

6. Hace dos años.
Two years ago.

7. Hace poco tiempo.
A while ago.

8. Desde hace dos días.
For two days.

9. Estoy haciendo los deberes de matemáticas.
I am doing my Maths homework.

10. Mis padres estaban haciendo las compras de la semana.
My parents were doing the weekly shopping.

Exercise 12.1 Fill in the blanks with the correct tense of the verb 'hacer'.

A. Yo _____un aprendizaje el año que viene. (Simple future)

B. No sé qué _____ en el momento. (Infinitive)

C. Mi hermano menor _____ atletismo en el colegio. (Present indicative)

D. Si yo tuviera tiempo, yo _____ ciclismo. (Conditional)

E. Mi hermano mayor _____ boxeo cuando era más joven. (Imperfect indicative)

F. Nosotros _____ un pastel de chocolate para el cumpleaños de mi primo. (Preterite)

G. Ayer mi padre _____ la cena. (Preterite)

H. Nosotros _____ una fiesta para celebrar el fin de los exámenes. (Simple future)

F. Mi profesor de historia _____ una llamada a mi madre porque yo no había hecho los deberes. (Preterite)

G. Mis amigos y yo _____ un picnic en la playa el fin de semana pasado. (Preterite)

Exercise 12.2 Match the Spanish with the English.

A. ☐ Empecé estudiar español hace cuatro años.

B. ☐ No como comida sana hace mucho tiempo. Necesito cambiar mi dieta.

C. ☐ La semana pasada hizo mucho frío.

D. ☐ Según el pronóstico hará calor mañana por la mañana, pero hará mucho viento también.

E. ☐ Ahora hace frío, pero por la mañana hacía calor.

F. ☐ Hacía mucho sol durante las vacaciones pasadas.

G. ☐ Cuando era niño hacia natación. Ahora hago ciclismo.

1. It was very cold last week.

2. Last holiday it was very sunny.

3. I started learning Spanish four years ago.

4. When I was a child, I did swimming. Now I do cycling.

5. According to the forecast it will be hot tomorrow morning, but it will be very windy as well.

6. Now it's cold but in the morning it was warm.

7. I don't eat healthy good for a long time. I need to change my diet.

13. IR

= To go

Irregular verb
Infinitive: ir
Present participle (gerund): yendo
Past Participle: ido

Indicative

	Present	Imperfect	Preterite	Simple Future	Conditional
yo	voy	iba	fui	iré	iría
tú	vas	ibas	fuiste	irás	irías
él, ella, Ud.	va	iba	fue	irá	iría
nosotros	vamos	íbamos	fuimos	iremos	iríamos
vosotros	vais	ibais	fuisteis	iréis	iríais
ellos, ellas, Uds.	van	iban	fueron	irán	irían

Subjunctive / Compound Tenses

	Present	Imperfect -ra form	Perfect	Pluperfect
yo	vaya	fuera	he ido	había ido
tú	vayas	fueras	has ido	habías ido
él, ella, Ud.	vaya	fuera	ha ido	había ido
nosotros	vayamos	fuéramos	hemos ido	habíamos ido
vosotros	vayáis	fuerais	habéis ido	habíais ido
ellos, ellas, Uds.	vayan	fueran	han ido	habían ido

EXAMPLES

1. No he ido al gimnasio hoy
I have not been to the gym today.

2. Cuando era más joven iba a la escuela a pie.
When I was young, I used to go to school on foot.

3. Si fuera más joven haría gimnasia.
If I was younger, I would do gymnastics.

4. Necesito lavarme el pelo antes que vaya al cine.
I need to wash my hair before I go to the cinema.

5. ¿Vas a ir al instituto este fin de semana?
No. Iré al gimnasio.
Are you going to go to school this weekend?
No, I will go to the gym.

6. Íbamos mucho a la playa cuando éramos niños.
We used to go to the beach a lot when we were children.

7. ¡Cuidado! Estamos yendo muy rápido.
Careful. We are going too fast.

8. Hablé con ella cuando estaba yendo a la librería.
I spoke to her when she was going (on her way) to the bookshop.

9. Me estoy yendo.
I am going.

Exercise 13.1 Translate into English.

A. Este fin de semana iré al cine con mis amigos.

_____

B. Fuimos a México las vacaciones pasadas.

_____

C. El sábado pasado mis padres fueron a un concierto en el centro de la ciudad.

_____

D. El fin de semana pasado mis amigos y yo fuimos a una discoteca y bailamos por toda la noche.

_____

E. Si tuviera tiempo y dinero iría a las Islas Canarias.

_____

F. Cuando voy de vacaciones, nunca voy en avión. Voy en coche o en barco.

_____

G. Después de los exámenes, mi familia y yo iremos a Grecia.

_____

H. Mis padres viajarían a Los Estados Unidos, pero no irían sin mí.

_____

I. Los sábados vamos al polideportivo por la mañana y al parque por la tarde.

_____

J. Normalmente voy al cine con mi novia, pero hoy voy a ir a un restaurante con mis amigos.

_____

K. El año pasado fui a Italia con mis compañeros y mi hermano fue a Francia con su novia.

_____

L. ¿Fuisteis al cine? No. Fuimos al teatro.

_____

14. IR A

= (To be) going to (do something)

Irregular verb
Infinitive: ir a
Present participle (gerund): yendo a
Past Participle: ido a

Indicative

	Present	Imperfect	Preterite	Simple Future	Conditional
yo	voy a	iba a	fui a	iré a	iría a
tú	vas a	ibas a	fuiste a	irás a	irías a
él, ella, Ud.	va a	iba a	fue a	irá a	iría a
nosotros	vamos a	íbamos a	fuimos a	iremos a	iríamos a
vosotros	vais a	ibais a	fuisteis a	iréis a	iríais a
ellos, ellas, Uds.	van a	iban a	fueron a	irán a	irían a

Subjunctive / Compound Tenses

	Present	Imperfect -ra form	Perfect	Pluperfect
yo	vaya a	fuera a	he ido a	había ido a
tú	vayas a	fueras a	has ido a	habías ido a
él, ella, Ud.	vaya a	fuera a	ha ido a	había ido a
nosotros	vayamos a	fuéramos a	hemos ido a	habíamos ido a
vosotros	vayáis a	fuerais a	habéis ido a	habíais ido a
ellos, ellas, Uds.	vayan a	fueran a	han ido a	habían ido a

EXAMPLES

1. El año que viene voy a estudiar lejos de casa.
Next year I am going to study away from home.

2. Vamos a ir al estadio este fin de semana.
We are going to go the stadium this weekend.

3. Mi amigo va a casarse el mes que viene.
My friend is going to get married next month.

4. Mis tíos van a llegar mañana.
My uncles are going to arrive tomorrow.

5. Voy a escuchar música más tarde.
I am going to listen to music later.

6. Vamos a salir el sábado por la noche.
We are going out Saturday night.

7. Estoy yendo a verte.
I'm on my way to see you.

8. Mi madre iba a cocinar, pero mi padre compró comida rápida.
My mother was going to cook, but my father bought fast food.

Exercise 14.1 Rewrite the sentences changing the verbs in bold to the **near future**.

Ex. El verano que viene mi novio y yo **iremos** a Japón.

El verano que viene mi novio y yo **vamos a ir** a Japón.

A. Mis padres **irán** a Escocia.

_____

B. Mi hermana menor **irá** a Francia.

_____

C. Mi amigo **empezará** un aprendizaje.

_____

D. Yo **estudiaré** más y **hablaré** menos.

_____

E. ¿**Irás** de vacaciones este verano?

_____

Exercise 14.2 Fill in the blanks with the **present tense** indicative of the verb 'ir a'+ the verb given in brackets AND translate completed sentences into English.

Ex. Mi hermana ___va a empezar___ un aprendizaje la semana que viene (empezar)

My sister is going to start an apprenticeship next week.

A. Mis amigos y yo _____ al baloncesto después del colegio (jugar)

_____

B. María y Juan _____ en junio. (casarse)

_____

C. Mi tía Carmen _____ geografía en Costa Rica. (enseñar)

_____

D. Yo _____ una película después de la cena. (ver)

_____

E. Mañana vosotros _____ el museo de la ciencia. (visitar)

_____

F. Cuando sea mayor _____ en España. (vivir)

_____

15. IRSE

= To go away; To leave

Irregular verb
Infinitive: irse
Present participle (gerund): yendo, yéndose
Past Participle: ido

Indicative

	Present	Imperfect	Preterite	Simple Future	Conditional
yo	me voy	me iba	me fui	me iré	me iría
tú	te vas	te ibas	te fuiste	te irás	te irías
él, ella, Ud.	se va	se iba	se fue	se irá	se iría
nosotros	nos vamos	nos íbamos	nos fuimos	nos iremos	nos iríamos
vosotros	os vais	os ibais	os fuisteis	os iréis	os iríais
ellos, ellas, Uds.	se van	se iban	se fueron	se irán	se irían

Subjunctive / Compound Tenses

	Present	Imperfect -ra form	Perfect	Pluperfect
yo	me vaya	me fuera	me he ido	me había ido
tú	te vayas	te fueras	te has ido	te habías ido
él, ella, Ud.	se vaya	se fuera	se ha ido	se había ido
nosotros	nos vayamos	nos fuéramos	nos hemos ido	nos habíamos ido
vosotros	os vayáis	os fuerais	os habéis ido	os habíais ido
ellos, ellas, Uds.	se vayan	se fueran	se han ido	se habían ido

EXAMPLES

1. Me voy en un minuto.
I am leaving in a minute.

2. Me fui de España hace dos años.
I left Spain two years ago.

3. No te vayas.
Don't go away.

4. Antes que me vaya de vacaciones, compraré unas gafas de sol.
Before I go on holiday I will buy (a pair of) sunglasses.

5. Si tuviera dinero me iría por un rato.
If I had money, I would go away for a while.

6. Mientras me iba de compras, mi padre lavó el coche.
While I was (away) shopping, my father washed the car.

7. El profesor de historia se fue a las tres en punto.
The history teacher left at three o'clock.

8. Me estoy yendo al parque. ¿Quieres venir conmigo?
I am leaving for the park. Do you want to come with me?

Exercise 15.1 Write the correct form of the verb 'irse' in the **present** indicative.

Ex. Yo *me voy*

A. Tú _____   B. Vosotros _____

C. Ella _____   D. Ellos _____

E. Nosotros _____   F. Mi amigo y yo _____

Exercise 15.2 Write the correct form of the verb 'irse' in the **imperfect** indicative.

Ex. Yo *me iba*

A. Tú _____   B. Vosotros _____

C. Él _____   D. Ellos _____

E. Nosotros _____   F. Ella _____

Exercise 15.3 Write the correct form of the verb 'irse' in the **preterite** indicative.

Ex. Yo *me fui*

A. Tú _____   B. Vosotros _____

C. Él _____   D. Ellos _____

E. Nosotros _____   F. Mis padres _____

Exercise 15.4 Fill in the blanks with the verb 'irse' in the **preterite** indicative.

A. Ayer mi perro _____   B. Mi madre _____

C. y mi padre _____ también.   D. Mis hermanos _____

E. y mis vecinos _____ también.   F. Todos _____ sin decir una palabra.

Exercise 15.5 Translate the sentences in exercise 15.4 into English.

A. _____   B. _____

C. _____   D. _____

E. _____   F. _____

16. NECESITAR

= To need

Regular -AR verb ending
Infinitive: necesitar
Present participle (gerund): necesitando
Past Participle: necesitado

Indicative

	Present	Imperfect	Preterite	Simple Future	Conditional
yo	necesito	necesitaba	necesité	necesitaré	necesitaría
tú	necesitas	necesitabas	necesitaste	necesitarás	necesitarías
él, ella, Ud.	necesita	necesitaba	necesitó	necesitará	necesitaría
nosotros	necesitamos	necesitábamos	necesitamos	necesitaremos	necesitaríamos
vosotros	necesitáis	necesitabais	necesitasteis	necesitaréis	necesitaríais
ellos, ellas, Uds.	necesitan	necesitaban	necesitaron	necesitarán	necesitarían

Subjunctive · Compound Tenses

	Present	Imperfect -ra form	Perfect	Pluperfect
yo	necesite	necesitara	he necesitado	había necesitado
tú	necesites	necesitaras	has necesitado	habías necesitado
él, ella, Ud.	necesite	necesitara	ha necesitado	había necesitado
nosotros	necesitemos	necesitáramos	hemos necesitado	habíamos necesitado
vosotros	necesitéis	necesitarais	habéis necesitado	habíais necesitado
ellos, ellas, Uds.	necesiten	necesitaran	han necesitado	habían necesitado

EXAMPLES

1. Necesito buscar un trabajo.
I need to find a job.

2. Necesitamos ayudar más a los pobres.
We need to help the poor more.

3. Cuando era más joven necesitaba mucha ayuda con los deberes.
When I was younger, I used to need a lot of help with my homework.

4. Necesitas unos zapatos nuevos.
You need new shoes.

5. Necesitas dejar de ser vago.
You need to stop being lazy.

6. Necesito dejar de ser torpe.
I need to stop being clumsy.

7. La tienda solidaria estaba necesitando unos voluntarios.
The charity shop was in need of (needing) some volunteers.

8. Estamos necesitando más contenedores de reciclaje.
We are in need of (needing) more recycling bins.

Exercise 16.1 Translate into English.

Section A – The Present Indicative
A. Para sacar buenas notas...
B. necesito estudiar más.
C. necesito repasar los apuntes.
D. necesito acostarme temprano.
E. necesito desayunar todos los días.
F. necesito hacer ejercicios físicos.
G. necesito usar menos el Instagram.
H. necesito hablar menos en clase.
I. necesito aprovechar el recreo.
J. necesito aprovechar mi tiempo.
K. necesito descansar por un rato.

Section B – If clause – The Present Indicative followed by the Simple Future
A. Si quiero sacar buenas notas...
B. necesitaré hacer mis deberes.
C. necesitaré pedir ayuda.
D. necesitaré dormir más horas.
E. necesitaré comer comida sana.
F. necesitaré hacer deporte.
G. necesitaré usar menos mi móvil.
H. necesitaré participar más en clase.
I. necesitaré evitar el estrés.
J. necesitaré beber más agua.
K. necesitaré intentar mi mejor.

Section C – If clause – The Imperfect Subjunctive (-ra) followed by the Conditional
A. Si quisiera sacar buenas notas...
B. necesitaría llegar temprano.
C. necesitaría completar las tareas.
D. Necesitaría charlar menos.
E. necesitaría escuchar bien.
F. necesitaría participar bien.
G. necesitaría repasar bien.

17. OCURRIR

= To happen, to take place, to occur

Regular -IR verb ending
Infinitive: ocurrir
Present participle (gerund): ocurriendo
Past Participle: ocurrido

Indicative

	Present	Imperfect	Preterite	Simple Future	Conditional
yo	ocurro	ocurría	ocurrí	ocurriré	ocurriría
tú	ocurres	ocurrías	ocurriste	ocurrirás	ocurrirías
él, ella, Ud.	ocurre	ocurría	ocurrió	ocurrirá	ocurriría
nosotros	ocurrimos	ocurríamos	ocurrimos	ocurriremos	ocurriríamos
vosotros	ocurrís	ocurríais	ocurristeis	ocurriréis	ocurriríais
ellos, ellas, Uds.	ocurren	ocurrían	ocurrieron	ocurrirán	ocurrirían

Subjunctive / Compound Tenses

	Present	Imperfect -ra form	Perfect	Pluperfect
yo	ocurra	ocurriera	he ocurrido	había ocurrido
tú	ocurras	ocurrieras	has ocurrido	habías ocurrido
él, ella, Ud.	ocurra	ocurriera	ha ocurrido	había ocurrido
nosotros	ocurramos	ocurriéramos	hemos ocurrido	habíamos ocurrido
vosotros	ocurráis	ocurrierais	habéis ocurrido	habíais ocurrido
ellos, ellas, Uds.	ocurran	ocurrieran	han ocurrido	habían ocurrido

EXAMPLES

1. Ayer ocurrió un accidente en la calle.
Yesterday an accident happened on the road.

2. Mucho ha ocurrido en clase de inglés.
A lot has happened in the English lesson.

3. El mes pasado ocurrieron muchas cosas.
Lots of things happened last month.

4. La Tomatina ocurrirá el 26 de agosto.
The Tomatina will take place August 26th.

5. ¿Qué nos ocurrirá en el futuro?
What will happen to us in the future?

6. Han ocurrido muchos atascos estos días.
Lots of traffic jams are taking place these days.

7. Muchas peleas están ocurriendo durante el recreo.
Lots of fights are taking place during break time.

8. Quería ver lo que estaba ocurriendo en el comedor.
I wanted to see what was happening in the canteen.

The verb ocurrir is used mostly in the third person of the singular and plural or in the infinitive, gerund and past participle in the impersonal.

Independent work ☐   Homework ☐   Extension ☐   _____ / _____ / _____

Exercise 17.1 Fill in the blanks with the correct tense **and indicate** if it's singular or plural.

Ex. ha ocurrido   _Perfect – singular_

A. ocurría   _____   B. ocurre   _____

C. ocurrió   _____   D. ocurrirá   _____

E. habían ocurrido   _____   F. ocurrieron   _____

G. ocurren   _____   H. ocurrirán   _____

Exercise 17.2 Spain Customs and Festivals – Use 'ocurre' or 'ocurren' to write sentences. See example given.

Ex. Buñol – la Tomatina – agosto
    En Buñol, la Tomatina ocurre en agosto.

A. Valencia – las Fallas – marzo

_____

B. Ciudad de Burgos – el Colacho – domingo siguiente al Corpus Christi

_____

C. Cataluña – los Castells – septiembre

_____

D. Pamplona – la Fiesta de San Fermín – julio

_____

E. Valencia – las batallas históricas entre moros y cristianos – abril

_____

Exercise 17.3 Translate your finished sentences above (Exercise 17.2) into English.

Ex. _In Buñol, the Tomato Fight takes place in August._

A. _____

B. _____

C. _____

D. _____

E. _____

18. PASAR

= To happen, to go through, to spend (time)

Regular -AR verb ending
Infinitive: pasar
Present participle (gerund): pasando
Past Participle: pasado

Indicative

	Present	Imperfect	Preterite	Simple Future	Conditional
yo	paso	pasaba	pasé	pasaré	pasaría
tú	pasas	pasabas	pasaste	pasarás	pasarías
él, ella, Ud.	pasa	pasaba	pasó	pasará	pasaría
nosotros	pasamos	pasábamos	pasamos	pasaremos	pasaríamos
vosotros	pasáis	pasabais	pasasteis	pasaréis	pasaríais
ellos, ellas, Uds.	pasan	pasaban	pasaron	pasarán	pasarían

Subjunctive ... Compound Tenses

	Present	Imperfect -ra form	Perfect	Pluperfect
yo	pase	pasara	he pasado	había pasado
tú	pases	pasaras	has pasado	habías pasado
él, ella, Ud.	pase	pasara	ha pasado	había pasado
nosotros	pasemos	pasáramos	hemos pasado	habíamos pasado
vosotros	paséis	pasarais	habéis pasado	habíais pasado
ellos, ellas, Uds.	pasen	pasaran	han pasado	habían pasado

Examples

1. Normalmente paso mis vacaciones en las montañas.
Normally I spend my holidays in the mountains.

2. Mi madre pasa mucho tiempo hablando por teléfono.
My mother spends a lot of time talking on the phone.

3. Pasaría el fin de semana en Francia.
I would spend the weekend in France.

4. Pasé la noche bailando.
I spent the night dancing.

5. Pasamos todo el día estudiando.
We spent the whole day studying.

6. Mis padres estaban pasando el fin de semana en Sevilla.
My parents were spending their weekend in Seville.

7. Hoy en día los jóvenes están pasando mucho tiempo en el ordenador.
Nowadays, young people are spending a lot of time on the computer.

8. Estamos pasando por Francia.
We are going through France.

Exercise 18.1 – Write in each box the letter that corresponds to the correct conjugation of the verb 'pasar' in the **preterite indicative** based on the subject given.

Él ☐   Nosotros ☐   Yo ☐   Ellos ☐

A. pasé   E. pasaron   I. pasó   M. pasó
B. pasamos   F. pasamos   J. pasé   N. pasaste
C. pasaron   G. pasaste   K. pasaste   O. pasasteis
D. pasó   H. pasasteis   L. pasaron   P. pasaron

Exercise 18.2 – Write in each box the letter that corresponds to the correct conjugation of the verb 'pasar' in the **imperfect indicative** based on the subject given.

Yo ☐   Tú ☐   Ellos ☐   Nosotros ☐

A. pasaba   E. pasábamos   I. pasaban   M. pasaba
B. pasábamos   F. pasabas   J. pasaba   N. pasabas
C. pasabais   G. pasaban   K. pasabas   O. pasábamos
D. pasaban   H. pasaba   L. pasabais   P. pasaban

Exercise 18.3 – Write in each box the letter that corresponds to the correct conjugation of the verb 'pasar' in the **perfect tense** based on the subject given.

Tú ☐   Yo ☐   Mis padres ☐   Mi amigo ☐

A. he pasado   E. hemos pasado   I. hemos pasado   M. has pasado
B. hemos pasado   F. has pasado   J. habéis pasado   N. ha pasado
C. has pasado   G. he pasado   K. han pasado   O. han pasado
D. han pasado   H. habéis pasado   L. ha pasado   P. he pasado

Exercise 18.4 Fill in the gaps with the correct conjugation of the verb 'pasar'.

A. _____ (I, imperfect indicative)   B. _____ (we, perfect)

C. _____ (they, pluperfect)   D. _____ (we, imperfect subjunctive)

19. PODER

= To be able to, can

Irregular verb
Infinitive: poder
Present participle (gerund): pudiendo
Past Participle: podido

Indicative

	Present	Imperfect	Preterite	Simple Future	Conditional
yo	puedo	podía	pude	podré	podría
tú	puedes	podías	pudiste	podrás	podrías
él, ella, Ud.	puede	podía	pudo	podrá	podría
nosotros	podemos	podíamos	pudimos	podremos	podríamos
vosotros	podéis	podíais	pudisteis	podréis	podríais
ellos, ellas, Uds.	pueden	podían	pudieron	podrán	podrían

Subjunctive / Compound Tenses

	Present	Imperfect -ra form	Perfect	Pluperfect
yo	pueda	pudiera	he podido	había podido
tú	puedas	pudieras	has podido	habías podido
él, ella, Ud.	pueda	pudiera	ha podido	había podido
nosotros	podamos	pudiéramos	hemos podido	habíamos podido
vosotros	podáis	pudierais	habéis podido	habíais podido
ellos, ellas, Uds.	puedan	pudieran	han podido	habían podido

EXAMPLES

1. No puedo escuchar música en el insti.
I cannot listen to music in school.

2. Podemos salir más tarde.
We can go out later.

3. En la escuela primaria podíamos jugar por horas.
In primary school we were able to play for hours.

4. Tal vez podremos comer fuera mañana.
Maybe we will be able to eat out tomorrow.

5. ¿Puedes pasar la sal?
Can you pass the salt?

6. Puedo hablar español.
I can speak Spanish.

7. No estamos pudiendo gastar dinero en el momento.
We are not being able to spend money in the moment.

8. Los pobres no estaban pudiendo comprar comida.
The poor were not being able to buy food.

9. Las tiendas solidarias no han podido ayudar a todos los necesitados.
The charity shops have not been able to help all the needy.

Exercise 19.1 Translate into English.

A. No puedo usar el aire acondicionado porque me pongo enfermo.

_____

B. No puedes salir hoy. Tienes que hacer tus deberes.

_____

C. Mi amiga no puede montar en bici porque tiene miedo a caerse.

_____

D. Podemos ir al cine este fin de semana si quieres.

_____

E. Las chicas pueden ser buenas en matemáticas también.

_____

F. Los chicos pueden ser buenos en idiomas también.

_____

Exercise 19.2 Rewrite sentences A-E by changing the conjugated verbs in **bold** to the **simple future** tense.

Ex. No **puedo** comprar un regalo para mi hermano menor porque no tengo dinero.

No **podré** comprar un regalo para mi hermano menor   porque no tengo dinero.
_____

A. No **puedes** salir hoy porque tienes que hacer tus deberes.

_____ porque tendrás que hacer tus deberes.

B. Mi amiga no **puede** montar en bici porque tiene miedo a caerse.

_____porque tiene miedo a caerse.

C. **Podemos** ir al cine este fin de semana si quieres.

_____ si quieres.

D. Los alumnos mayores **pueden** ayudar a los menores durante el recreo.

_____durante el recreo.

E. **Podéis** jugar, pero tenéis que arreglar el salón después.

_____ pero tendréis que arreglar el salón después.

20. PONER

= To put

Irregular verb
Infinitive: poner
Present participle (gerund): poniendo
Past Participle: puesto

Indicative

	Present	Imperfect	Preterite	Simple Future	Conditional
yo	pongo	ponía	puse	pondré	pondría
tú	pones	ponías	pusiste	pondrás	pondrías
él, ella, Ud.	pone	ponía	puso	pondrá	pondría
nosotros	ponemos	poníamos	pusimos	pondremos	pondríamos
vosotros	ponéis	poníais	pusisteis	pondréis	pondríais
ellos, ellas, Uds.	ponen	ponían	pusieron	pondrán	pondrían

Subjunctive | Compound Tenses

	Present	Imperfect -ra form	Perfect	Pluperfect
yo	ponga	pusiera	he puesto	había puesto
tú	pongas	pusieras	has puesto	habías puesto
él, ella, Ud.	ponga	pusiera	ha puesto	había puesto
nosotros	pongamos	pusiéramos	hemos puesto	habíamos puesto
vosotros	pongáis	pusierais	habéis puesto	habíais puesto
ellos, ellas, Uds.	pongan	pusieran	han puesto	habían puesto

EXAMPLES

1. Hemos puesto la basura en su lugar.
We have put the rubbish in its place.

2. Me he puesto el abrigo. Me voy a salir.
I have put my coat on. I am going out.

3. Mi madre puso aceite en la ensalada.
My mother put oil in the salad.

4. Puse los libros en la mesa.
I put the books on the table.

5. No hará mucho frio mañana, pero me voy a poner un abrigo.
It will not be very cold tomorrow, but I am going to put a coat on.

6. Necesitas poner en práctica lo (que has) aprendido.
You need to put into practice what you have learned.

7. Los chicos están poniendo la basura en los contenedores equivocados.
The children are putting the rubbish in the wrong containers.

8. Estábamos poniendo mucha sal en nuestra comida.
We were putting a lot of salt in our food.

9. Los jóvenes hoy en día han puesto mucho más peso.
Young people nowadays have put a lot more weight on.

Exercise 20.1 Fill in the blanks with the verb 'poner' in the **perfect tense**.

A. Nosotros _____ la basura en su lugar.

B. Yo me _____ mi abrigo porque tengo frío.

C. Ellos _____ los libros en la mesa.

D. Mi madre _____ aceite en la ensalada.

E. Las niñas _____ maquillaje otra vez.

Exercise 20.2 Translate into English.

A. Los chicos pusieron algo de dinero en una caja y no sabemos por qué.

_____

B. Mi hermana la traviesa puso mi móvil debajo de su cama.

_____

C. ¿Habéis puesto tus cinturones de seguridad?

_____

D. Maquillaje de Halloween puede poner en riesgo la salud de los niños.

_____

E. Daños al medioambiente están poniendo en peligro vidas humanas.

_____

Exercise 20.3 Translate into Spanish.

A. Halloween make-up can put children's health at risk.

_____

B. Damages to the environment are putting human lives in danger.

_____

C. My naughty sister put my mobile under her bed.

_____

21. PONERSE A

= To start doing something

Irregular verb
Infinitive: ponerse a
Present participle (gerund): poniendo, poniéndose
Past Participle: puesto

Indicative

	Present	Imperfect	Preterite	Simple Future	Conditional
yo	me pongo a	me ponía a	me puse a	me pondré a	me pondría a
tú	te pones a	te ponías a	te pusiste a	te pondrás a	te pondrías a
él, ella, Ud.	se pone a	se ponía a	se puso a	se pondrá a	se pondría a
nosotros	nos ponemos a	nos poníamos a	nos pusimos a	nos pondremos a	nos pondríamos a
vosotros	os ponéis a	os poníais a	os pusisteis a	os pondréis a	os pondríais a
ellos, ellas, Uds.	se ponen a	se ponían a	se pusieron a	se pondrán a	se pondrían a

Subjunctive / Compound Tenses

	Present	Imperfect -ra form	Perfect	Pluperfect
yo	me ponga a	me pusiera a	me he puesto a	me había puesto a
tú	te pongas a	te pusieras a	te has puesto a	te habías puesto a
él, ella, Ud.	se ponga a	se pusiera a	se ha puesto a	se había puesto a
nosotros	nos pongamos a	nos pusiéramos a	nos hemos puesto a	nos habíamos puesto a
vosotros	os pongáis a	os pusierais a	os habéis puesto a	os habíais puesto a
ellos, ellas, Uds.	se pongan a	se pusieran a	se han puesto a	se habían puesto a

EXAMPLES

1. Me puse a correr cuando vi el toro.
I started running when I saw the bull.

2. Me he puesto a jugar al baloncesto.
I have started playing basketball.

3. Nos ponemos a leer ahora.
We start reading now.

4. Me pondré a trabajar en verano.
I will start working in Summer.

5. Mi madre se puso a cocinar a las ocho.
My mother started cooking at eight.

6. Nos pusimos a ver la película después de la cena.
We started watching the movie after dinner.

7. Me estoy poniendo en forma para jugar al futbol.
I'm getting into shape to play football.

8. Me estaba poniendo bastante nerviosa porque estaba conduciendo bajo una tormenta.
I was starting to get quite nervous because I was driving under a storm.

Exercise 21.1 Match the Spanish with the English.

A. ☐ La chica se puso a saltar cuando vio una araña.

B. ☐ Los alumnos se pusieron a nadar cuando llegaron a la piscina.

C. ☐ Nosotros nos pusimos a gritar cuando María ganó el concurso de cocina en el instituto.

D. ☐ El bebé se pone a llorar cuando tiene hambre.

E. ☐ El gato se puso a correr cuando vio un perro.

F. ☐ Los actores se ponen a actuar cuando la cortina se abre.

G. ☐ Nos hemos puesto a consumir más frutas y verduras porque es mejor para la salud.

H. ☐ El chico se puso a tocar la batería con entusiasmo.

I. ☐ Los vecinos se pusieron a luchar así que llamamos a la policía.

J. ☐ Nos pusimos a crear una encuesta en el instituto sobre el acoso escolar.

K. ☐ Me puse a trabajar más porque quería ahorrar dinero.

1. We started creating a survey in school about school bullying.
2. The cat started to run when it saw a dog.
3. The girl started to jump when she saw a spider.
4. The actors start to act when the curtain opens.
5. The neighbours started to fight, so we called the police.
6. I started to work more because I wanted to save money.
7. The pupils started to swim when they arrived at the (swimming) pool.
8. We started to scream when Maria won the cooking competition in school.
9. The baby starts to cry when it's hungry.
10. The boy started to play battery with enthusiasm/enthusiastically.
11. We have started to consume more fruits and vegetables because it's better for health.

22. QUERER

= To want; to love

Irregular -ER verb
Infinitive: querer
Present participle (gerund): queriendo
Past Participle: querido

Indicative

	Present	Imperfect	Preterite	Simple Future	Conditional
yo	quiero	quería	quise	querré	querría
tú	quieres	querías	quisiste	querrás	querrías
él, ella, Ud.	quiere	quería	quiso	querrá	querría
nosotros	queremos	queríamos	quisimos	querremos	querríamos
vosotros	queréis	queríais	quisisteis	querréis	querríais
ellos, ellas, Uds.	quieren	querían	quisieron	querrán	querrían

Subjunctive

Compound Tenses

	Present	Imperfect -ra form	Perfect	Pluperfect
yo	quiera	quisiera	he querido	había querido
tú	quieras	quisieras	has querido	habías querido
él, ella, Ud.	quiera	quisiera	ha querido	había querido
nosotros	queramos	quisiéramos	hemos querido	habíamos querido
vosotros	queráis	quisierais	habéis querido	habíais querido
ellos, ellas, Uds.	quieran	quisieran	han querido	habían querido

> Quisiera = I'd like – used in very polite commands and requests.

EXAMPLES

1. Querría estudiar matemáticas en el futuro.
I'd want to study Maths in the future.

2. Cuando era joven quería ser bombero.
When I was young, I wanted to be a firefighter.

3. Queremos cuidar el medio ambiente.
We want to look after the environment.

4. Susana quiere aprender a bailar.
Susana wants to learn how to dance.

5. Mis padres quieren lo mejor para mí.
My parents want the best for me.

6. Quisiera un zumo de naranja, por favor.
I'd like an orange juice, please.

7. Quiero mucho a mi familia.
I love my family

8. Estamos queriendo salir el sábado que viene.
We are wanting (want) to go out next Saturday.

9. Estaba queriendo decir que hice mis tareas.
I was wanting (wanted) to say I did my homework.

10. Quisiera una botella de agua, por favor.
I'd like a bottle of water, please.

Exercise 22.1 Fill in the blanks with the correct tense of the verb 'querer', indicated between brackets.

A. El gobierno _____ acabar con la pobreza. (Present indicative)

B. ¿ _____ ir a la piscina hoy? (Tú, Present indicative)

C. Los profesores _____ que saquemos buenas notas. (Present indicative)

D. No _____ suspender los exámenes. (Nosotros, Present indicative)

E. Mis amigos y yo _____ trabajar como voluntarios el verano que viene. (Present indicative)

F. Mi madre _____ comprar un vestido nuevo. (Present indicative)

G. No sé si _____ ir a la universidad, pero quiero aprobar mis exámenes. (Yo, Present indicative)

H. Mis hermanos solo _____ hacer una fiesta sorpresa para mí. (Imperfect indicative)

I. _____ ir al parque, pero al final fuimos al cine. (Nosotros, Preterite)

J. _____ repasar mis apuntes, pero tengo mucho sueño. (Yo, Imperfect subjunctive)

K. Siempre _____ aprender más. (Yo, Simple future)

L. _____ una botella de agua, por favor. (Yo, Imperfect subjunctive)

M. _____ comprar un ordenador nuevo hace tiempo. (Yo, Perfect)

Exercise 22.2 Fill in the boxes with Yo , Tú , Él/Ella , Nosotros or Ellos/Ellas .

Ex. | Tú | quieres ir a la universidad, pero eres muy perezoso.

A. [_____] quisimos salir ayer pero no teníamos dinero.

B. [_____] han querido jugar al baloncesto desde hace años, pero son muy bajos.

C. [_____] quiere llevar maquillaje como las amigas, pero su madre no aprueba.

D. [_____] no quieres fumar, no quieres beber alcohol. ¡Muy bien!

E. [_____] nunca he querido ir a la cita con el dentista porque tengo miedo.

F. [_____] queremos un mundo mejor para las generaciones futuras.

23. SABER

= To know (a fact, how to do something)

Irregular verb
Infinitive: saber
Present participle (gerund): sabiendo
Past Participle: sabido

Indicative

	Present	Imperfect	Preterite	Simple Future	Conditional
yo	sé	sabía	supe	sabré	sabría
tú	sabes	sabías	supiste	sabrás	sabrías
él, ella, Ud.	sabe	sabía	supo	sabrá	sabría
nosotros	sabemos	sabíamos	supimos	sabremos	sabríamos
vosotros	sabéis	sabíais	supisteis	sabréis	sabríais
ellos, ellas, Uds.	saben	sabían	supieron	sabrán	sabrían

Subjunctive / Compound Tenses

	Present	Imperfect -ra form	Perfect	Pluperfect
yo	sepa	supiera	he sabido	había sabido
tú	sepas	supieras	has sabido	habías sabido
él, ella, Ud.	sepa	supiera	ha sabido	había sabido
nosotros	sepamos	supiéramos	hemos sabido	habíamos sabido
vosotros	sepáis	supierais	habéis sabido	habíais sabido
ellos, ellas, Uds.	sepan	supieran	han sabido	habían sabido

EXAMPLES

1. En el pasado los niños sabían cocinar huevos.
In the past, the children knew how to cook eggs.

2. Yo no sé dónde está la piscina más cerca.
I don't know where the nearest swimming pool is.

3. Si supiera como llegar iría solo.
If I knew how to arrive, I would go by myself.

4. Sabemos que necesitamos acostarnos temprano.
We know we need to go to bed early.

5. Quiero saber cómo bailar salsa.
I want to know how to dance salsa.

6. Los alumnos no saben que estudiar.
Pupils don't know what to study.

7. Sabiendo o no, tú tienes que hacer las tareas a tiempo.
Knowing or not, you have to do the homework on time.

8. Es cierto, nadie nació sabiendo leer o escribir.
It's true, nobody was born knowing how to read or how to write.

9. Para que sepas qué tienes que hacer en una prueba, tienes que leer todo más de una vez.
(In order for you) to know what you have to do in an exam, you have to read everything more than once.

Exercise 23.1 Translate into English.

A. Sé cocinar bastante bien.

_____

B. Mi abuelo sabía jugar al fútbol muy bien.

_____

C. Sabemos hablar español.

_____

D. No sabía bailar, pero ahora sé bailar flamenco.

_____

E. No sé cantar, pero me gustaría cantar en un coro.

_____

F. Sabría tocar la guitarra, pero no tengo una.

_____

G. Cuando era más joven yo no sabía montar en bicicleta.

_____

H. Sabré más de la cultura española cuando pasar unas semanas allí.

_____

I. Siempre supe que quería ser actriz.

_____

J. No supo que quería hacer, pero continuó estudiando.

_____

K. Mi amigo sabía todas las respuestas porque solía repasar los apuntes cada día.

_____

L. Sabemos que el calentamiento global afecta al medio ambiente.

_____

M. Los niños sabrán más si leen más.

_____

24. SEGUIR

= To continue, to follow

Regular -IR verb with some stem change
Infinitive: seguir
Present participle (gerund): siguiendo
Past Participle: seguido

Indicative

	Present	Imperfect	Preterite	Simple Future	Conditional
yo	sigo	seguía	seguí	seguiré	seguiría
tú	sigues	seguías	seguiste	seguirás	seguirías
él, ella, Ud.	sigue	seguía	siguió	seguirá	seguiría
nosotros	seguimos	seguíamos	seguimos	seguiremos	seguiríamos
vosotros	seguís	seguíais	seguisteis	seguiréis	seguiríais
ellos, ellas, Uds.	siguen	seguían	siguieron	seguirán	seguirían

Subjunctive / Compound Tenses

	Present	Imperfect -ra form	Perfect	Pluperfect
yo	siga	siguiera	he seguido	había seguido
tú	sigas	siguieras	has seguido	habías seguido
él, ella, Ud.	siga	siguiera	ha seguido	había seguido
nosotros	sigamos	siguiéramos	hemos seguido	habíamos seguido
vosotros	sigáis	siguierais	habéis seguido	habíais seguido
ellos, ellas, Uds.	sigan	siguieran	han seguido	habían seguido

EXAMPLES

1. Nunca he seguido los consejos de mi médico.
I have never followed my doctor's advice.

2. Seguimos hasta el parque y paramos para descansar.
We continued until the park and we stopped to rest.

3. Seguiré con mis estudios en septiembre.
I will continue with my studies in September.

4. Sigo repasando para las pruebas de verano.
I continue revising for the Summer exams.

5. Sigo mi cantante favorito en YouTube.
I follow my favourite singer in YouTube.

6. Demasiado calor sigue afectando a mucha gente.
Too much heat continues affecting many people.

7. Estoy siguiendo una dieta sana.
I am following a healthy diet.

8. Estábamos siguiendo una telenovela mexicana muy interesante.
We were following a very interesting Mexican soap-opera.

9. El Covid-19 siguió matando a mucha gente en el comienzo de 2020.
The Covid-19 continued killing many people at the beginning of 2020.

Independent work ☐   Homework ☐   Extension ☐   _____ / _____ / _____

Exercise 24.1 Identify the time frame. ☐ N (Now), ☐ P (Past), or ☐ F (Future) for the verbs in bold.

A. ☐ Algunos alumnos **no siguen** las reglas del instituto.

B. ☐ **Seguiré estudiando** español en mi instituto.

C. ☐ Mi perro me **sigue** a todas partes.

D. ☐ Mis amigos y yo **seguiremos** nuestros sueños.

E. ☐ **Seguiré repasando** los apuntes.

F. ☐ Jugaba al fútbol en el equipo del instituto y hoy en día **sigo haciendo** algunos deportes.

G. ☐ **Seguiré ahorrando** dinero porque quiero comprar una casa en las montañas.

H. ☐ Aunque me dolía la cabeza **seguí jugando** al baloncesto con mis amigos.

Exercise 24.2 Translate into English.

A. Algunos alumnos no siguen las reglas del instituto.

_____

B. Mi perro me sigue a todas partes.

_____

C. Seguiré repasando los apuntes hasta los exámenes.

_____

D. Seguiré ahorrando dinero porque quiero comprar una casa en las montañas.

_____

E. Seguiré estudiando español en mi instituto.

_____

F. Mis amigos y yo seguiremos nuestros sueños.

_____

G. Jugaba al fútbol en el equipo del instituto y hoy en día sigo haciendo algunos deportes.

_____

H. Aunque me dolía la cabeza seguí jugando al baloncesto con mis amigos.

_____

25. SER

= To be

Irregular verb
Infinitive: ser
Present participle (gerund): siendo
Past Participle: sido

Indicative

	Present	Imperfect	Preterite	Simple Future	Conditional
yo	soy	era	fui	seré	sería
tú	eres	eras	fuiste	serás	serías
él, ella, Ud.	es	era	fue	será	sería
nosotros	somos	éramos	fuimos	seremos	seríamos
vosotros	sois	erais	fuisteis	seréis	seríais
ellos, ellas, Uds.	son	eran	fueron	serán	serían

Subjunctive / Compound Tenses

	Present	Imperfect -ra form	Perfect	Pluperfect
yo	sea	fuera	he sido	había sido
tú	seas	fueras	has sido	habías sido
él, ella, Ud.	sea	fuera	ha sido	había sido
nosotros	seamos	fuéramos	hemos sido	habíamos sido
vosotros	seáis	fuerais	habéis sido	habíais sido
ellos, ellas, Uds.	sean	fueran	han sido	habían sido

EXAMPLES

1. Mi hermano es más viejo que yo.
My brother is older than me.

2. La casa de mi amigo es muy moderna y espaciosa.
My friend's house is very modern and spacious.

3. Si fuera rico, viajaría más.
If I was rich, I would travel more.

4. He sido un poco perezoso la mayoría de las veces.
I have been a bit lazy most of the time.

5. Yo sería delgado si comiera menos.
I would be slim if I ate less.

6. Mis padres son españoles, pero soy británico.
My parents are Spanish, but I am British.

7. Estoy siendo serio. Quiero aprobar mis exámenes.
I am being serious. I want to pass my exams.

8. Ha sido un año difícil para nosotros.
It has been a difficult year for us.

9. Habían sido unas bonitas vacaciones, pero tuvimos que volver al trabajo.
The holidays had been lovely/beautiful, but we had to return to work.

Independent work ☐   Homework ☐   Extension ☐   _____ / _____ / _____

Exercise 25.1 Fill in the blanks with the correct form of the verb 'ser' in the **indicative mood**.

Section A: The present

A. Mi asignatura favorita _____ el inglés.

B. En mi instituto los profesores _____ muy amistosos.

C. La historia _____ más interesante que la geografía.

D. Mis amigas _____ muy divertidas y graciosas.

E. Mi hermano menor _____ muy travieso.

Section B: The Imperfect

A. El año pasado mi asignatura favorita _____ la geografía.

B. Mi escuela primaria _____ pequeña y aburrida.

C. Sin embargo, los profesores _____ simpáticos.

D. _____ muy jóvenes cuando pasamos las vacaciones en España.

E. Cuando _____ niño me gustaba ver dibujos animados.

Section C: The Simple Future.

A. El español _____ muy útil para mi futuro.

B. Las vacaciones de verano _____ fantásticas.

C. _____ médico sin fronteras y trabajaré en programas humanitarios en países pobres.

D. _____ viejos, pero continuaremos a hacer deportes.

E. _____ exitoso, si te gusta tu trabajo.

Section D: The conditional

A. Yo _____ más popular si no fuera tan grosero.

B. Tú _____ delgado si comieras menos.

C. Mi vida _____ estupenda si tuviera dinero.

D. Mis amigos y yo _____ más fuertes si hiciéramos deporte.

E. ¿No crees que los espacios verdes _____ más importantes que las canchas de concreto?

26. SOLER

= Used to; to be used to (usually/normally)

Irregular -ER verb with some stem change
Infinitive: soler
Present participle (gerund): soliendo
Past Participle: solido

Indicative

	Present	Imperfect	Preterite	Simple Future	Conditional
yo	suelo	solía	—	—	—
tú	sueles	solías	—	—	—
él, ella, Ud.	suele	solía	—	—	—
nosotros	solemos	solíamos	—	—	—
vosotros	soléis	solíais	—	—	—
ellos, ellas, Uds.	suelen	solían	—	—	—

Subjunctive / Compound Tenses

	Present	Imperfect -ra form	Perfect	Pluperfect
yo	suela	soliera	he solido	había solido
tú	suelas	solieras	has solido	habías solido
él, ella, Ud.	suela	soliera	ha solido	había solido
nosotros	solamos	soliéramos	hemos solido	habíamos solido
vosotros	soláis	solierais	habéis solido	habíais solido
ellos, ellas, Uds.	suelan	solieran	han solido	habían solido

EXAMPLES

1. Suelo ir al parque los domingos.
I usually go to the park on Sundays.

2. Solía comer sano cuando era joven.
I used to eat healthily when I was young.

3. Mi madre suele hacer pasteles.
My mother usually makes cakes.

4. Solíamos jugar al futbol en el jardín.
We used to play football in the garden.

5. Los niños suelen acostarse más tarde durante las vacaciones.
The children usually go to bed later during the holidays.

6. Solemos caminar al instituto todos los días.
We usually walk to school every day.

7. ¿Qué sueles hacer durante el recreo?
What do you usually do during break?

8. Esta semana no he hecho los deberes como suelo (hacer).
This week I have not done my homework like I usually do.

Independent work ☐   Homework ☐   Extension ☐   _____ / _____ / _____

Exercise 26.1 Rewrite the sentences changing the verb 'soler' from the present to the **imperfect tense indicative**.
Ex. Suelo ir al instituto a pie.
   Solía ir al instituto a pie.

A. Suelo nadar en el mar en verano.

_____

B. Durante las vacaciones mis padres suelen ir de compras todas las mañanas.

_____

C. Mi hermana suele leer por la noche.

_____

D. Solemos ir al cine una vez al mes.

_____

E. ¿Soléis comer en restaurantes?

_____

Exercise 26.2 Translate into English.

A. Solía pasear por la playa durante las vacaciones.

_____

B. Solíamos comer en restaurantes típicos cuando íbamos a España.

_____

C. Mi madre solía cocinar pollo picante los domingos.

_____

D. Mis amigos solían jugar al baloncesto los fines de semana.

_____

Exercise 26.3 Fill in the blanks with 'solemos' ☐ or ☐ 'suelen'.

A. Mis hermanos _____ dormir temprano.

B. Los profesores _____ dar muchos deberes.

C. Mis padres _____ darme paga.

D. Mis amigos y yo _____ chatear por internet.

E. Nosotros _____ ver películas por la noche.

27. TENER

= To have; to own

Irregular verb
Infinitive: tener
Present participle (gerund): teniendo
Past Participle: tenido

Indicative

	Present	Imperfect	Preterite	Simple Future	Conditional
yo	tengo	tenía	tuve	tendré	tendría
tú	tienes	tenías	tuviste	tendrás	tendrías
él, ella, Ud.	tiene	tenía	tuvo	tendrá	tendría
nosotros	tenemos	teníamos	tuvimos	tendremos	tendríamos
vosotros	tenéis	teníais	tuvisteis	tendréis	tendríais
ellos, ellas, Uds.	tienen	tenían	tuvieron	tendrán	tendrían

Subjunctive / Compound Tenses

	Present	Imperfect -ra form	Perfect	Pluperfect
yo	tenga	tuviera	he tenido	había tenido
tú	tengas	tuvieras	has tenido	habías tenido
él, ella, Ud.	tenga	tuviera	ha tenido	había tenido
nosotros	tengamos	tuviéramos	hemos tenido	habíamos tenido
vosotros	tengáis	tuvierais	habéis tenido	habíais tenido
ellos, ellas, Uds.	tengan	tuvieran	han tenido	habían tenido

EXAMPLES

1. Si tuviera dinero, viviría en Japón.
If I had money, I would live in Japan.

2. Tendré dieciséis años el mes que viene.
I will be sixteen next month.

3. Yo haría más si tuviera más tiempo.
I would do more if I had more time.

4. Estoy teniendo problemas en aprender el vocabulario.
I am having problems to learn the vocabulary.

5. Estábamos teniendo menos pruebas el
año pasado.
We were having less exams last year.

Idiomatic Expressions with tener

Tener la intención de
To intend to.

Tener ganas de
To feel like, to want to.

Tener razón
To be right

Tener prisa
To be in a hurry.

Tener suerte
To be lucky.

Tener lugar
to take place, to occur

Exercise 27.1 Fill in the blanks with the **present tense indicative** of the verb 'tener'.

A. Yo _____tengo_____ la intención de ir a la universidad.

B. Mi hermano _____ mucha suerte porque ganó la lotería la semana pasada.

C. Nosotros no _____ prisa. Las clases empiezan a las nueve hoy.

D. No _____ ganas de vivir lejos de **mi** familia.

E. Tú _____ razón. Aprender un idioma no es tan difícil.

Exercise 27.2 Now match the sentences A-E above with these translations. See example.

A. ☐ 2

B. ☐

C. ☐

D. ☐

E. ☐

1. You are right. To learn a language is not that difficult.

2. I intend to go to university.

3. I don't feel like living away from my family.

4. We are not in a hurry. Lessons start a nine today.

5. My brother is very lucky because he won the lottery last week.

Exercise 27.3 Rewrite the sentences changing the verb 'tener' from the present to the **imperfect tense** indicative.

Ex. Mi amiga **tiene** un perro.

   Mi amiga **tenía** un perro.

A. Yo tengo el pelo largo.

_____

B. Mis padres tienen una casa en España.

_____

C. Mi amiga y yo tenemos muchos bolígrafos.

_____

D. Ellos tienen un montón de deberes.

_____

E. ¿Tienes mascotas?

_____

28. TENER QUE

= To have to do (something)

Irregular verb
Infinitive: tener que
Present participle (gerund): teniendo que
Past Participle: tenido que

Indicative

	Present	Imperfect	Preterite	Simple Future	Conditional
yo	tengo que	tenía que	tuve que	tendré que	tendría que
tú	tienes que	tenías que	tuviste que	tendrás que	tendrías que
él, ella, Ud.	tiene que	tenía que	tuvo que	tendrá que	tendría que
nosotros	tenemos que	teníamos que	tuvimos que	tendremos que	tendríamos que
vosotros	tenéis que	teníais que	tuvisteis que	tendréis que	tendríais que
ellos, ellas, Uds.	tienen que	tenían que	tuvieron que	tendrán que	tendrían que

Subjunctive / Compound Tenses

	Present	Imperfect -ra form	Perfect	Pluperfect
yo	tenga que	tuviera que	he tenido que	había tenido que
tú	tengas que	tuvieras que	has tenido que	habías tenido que
él, ella, Ud.	tenga que	tuviera que	ha tenido que	había tenido que
nosotros	tengamos que	tuviéramos que	hemos tenido que	habíamos tenido que
vosotros	tengáis que	tuvierais que	habéis tenido que	habíais tenido que
ellos, ellas, Uds.	tengan que	tuvieran que	han tenido que	habían tenido que

EXAMPLES

1. Tengo que hacer mis deberes.
I have to do my homework.

2. Tú tienes que hablar menos.
You have to speak/talk less.

3. El gobierno tiene que ayudar a los necesitados.
The government has to help the needy.

4. Hemos tenido que ahorrar agua en las Islas Canarias.
We have had to save water in the Canary Islands.

5. Nosotros tenemos que reciclar más.
We have to recycle more.

6. Tendré que cocinar este fin de semana.
I will have to cook this weekend.

7. Tuve que coger el autobús ayer. Llovía mucho.
I had to catch the bus yesterday. It rained a lot.

8. Estamos teniendo que comer menos comida basura.
We are having to eat less junk food.

9. El instituto estaba teniendo que ofrecer clases de apoyo los fines de semana.
The school was having to offer support classes on weekends.

Exercise 28.1 Use the prompts given to write sentences in the **present tense indicative** of the verb 'tener que'.

Ex. We – grey trousers

Tenemos que llevar pantalones grises.

A. They – black shoes

B. I – white T-shirt

C. I – blue socks

D. You – blue tie

E. She – brown skirt

Exercise 28.2 Translate into English.

A. Tengo que terminar la tarea de matemáticas esta tarde.

B. Tenemos que ahorrar más y malgastar menos.

C. Anoche tuve que acostarme temprano porque estaba muy cansado.

D. El viernes pasado tuvimos que jugar en el gimnasio porque llovía mucho.

E. Cuando éramos niños teníamos que ayudar en casa una vez a la semana.

F. Si queremos ir a la universidad, tendremos que aprobar los exámenes.

29. VOLVER A

= To do (something) again

Regular -ER verb with some stem change
Infinitive: volver a
Present participle (gerund): volviendo a
Past Participle: vuelto a

Indicative

	Present	Imperfect	Preterite	Simple Future	Conditional
yo	vuelvo a	volvía a	volví a	volveré a	volvería a
tú	vuelves a	volvías a	volviste a	volverás a	volverías a
él, ella, Ud.	vuelve a	volvía a	volvió a	volverá a	volvería a
nosotros	volvemos a	volvíamos a	volvimos a	volveremos a	volveríamos a
vosotros	volvéis a	volvíais a	volvisteis a	volveréis a	volveríais a
ellos, ellas, Uds.	vuelven a	volvían a	volvieron a	volverán a	volverían a

Subjunctive / Compound Tenses

	Present	Imperfect -ra form	Perfect	Pluperfect
yo	vuelva a	volviera a	he vuelto a	había vuelto a
tú	vuelvas a	volvieras a	has vuelto a	habías vuelto a
él, ella, Ud.	vuelva a	volviera a	ha vuelto a	había vuelto a
nosotros	volvamos a	volviéramos a	hemos vuelto a	habíamos vuelto a
vosotros	volváis a	volvierais a	habéis vuelto a	habíais vuelto a
ellos, ellas, Uds.	vuelvan a	volvieran a	han vuelto a	habían vuelto a

EXAMPLES

1. Volví a suspender el examen. ¡Qué lástima!
I failed the exam again. What a pity!

2. La profesora vuelve a explicar el tema.
The teacher explains the topic again.

3. Mis padres volvieron a viajar a México.
My parents travelled to Mexico again.

4. Mis amigos vuelven a jugar al baloncesto
My Friends play basketball again.

5. El mes pasado volví a ver una de las películas de Indiana Jones.
Last month I watched one of Indiana Jones movies again.

6. Los alumnos vuelven a jugar bajo la lluvia.
The pupils play under the rain again.

7. Los precios han vuelto a subir.
The prices have risen (once) again/have come up.

8. La pobreza ha vuelto a subir.
Poverty has risen (once) again/back on the rise since.

9. En el momento, mi hermana menor está volviendo a leer La Pequeña Oruga Glotona.
At the moment, my little sister is reading again the Very Hungry Caterpillar (book).

Exercise 29.1 Use the **preterite** of the verb 'volver a' to rewrite sentences A-E.

Ex. **Vuelvo** a suspender el examen.

    Volví a suspender el examen.

A. El profesor de historia vuelve a dar castigos.

_____

B. Mis padres vuelven a viajar a España.

_____

C. Nosotros volvemos a repasar los apuntes.

_____

D. Los niños vuelven a jugar con sus juguetes.

_____

E. Los alumnos vuelven a tirar basura al suelo.

_____

Exercise 29.2 Use the **simple future** of the verb 'volver a' AND the prompts between brackets
to fill in the boxes.

Ex. Nosotros [volveremos] [a] [visitar] España en verano. (to visit)

A. Yo [ ] [ ] [ ] mi español desde el mes que viene. (to revise)

B. Mi familia y yo [ ] [ ] [ ] en restaurantes típicos. (to eat)

C. Mi hermano [ ] [ ] [ ] con sus amigos españoles. (to play)

D. Mis padres [ ] [ ] [ ] flamenco. (to dance)

E. Mi tío [ ] [ ] [ ] en la Tomatina. (to participate)

F. Mi madre [ ] [ ] [ ] pasteles para nosotros. (to make)

G. Nosotros [ ] [ ] [ ] en el río. (to fish)

30. VOLVERSE

= To become, to turn into (unintentional change)

Regular -ER verb with some stem change

Infinitive: volverse

Present participle (gerund): volviendo, volviéndose

Past Participle: vuelto

Indicative

	Present	Imperfect	Preterite	Simple Future	Conditional
yo	me vuelvo	me volvía	me volví	me volveré	me volvería
tú	te vuelves	te volvías	te volviste	te volverás	te volverías
él, ella, Ud.	se vuelve	se volvía	se volvió	se volverá	se volvería
nosotros	nos volvemos	nos volvíamos	nos volvimos	nos volveremos	nos volveríamos
vosotros	os volvéis	os volvíais	os volvisteis	os volveréis	os volveríais
ellos, ellas, Uds.	se vuelven	se volvían	se volvieron	se volverán	se volverían

Subjunctive / Compound Tenses

	Present	Imperfect -ra form	Perfect	Pluperfect
yo	me vuelva	me volviera	me he vuelto	me había vuelto
tú	te vuelvas	te volvieras	te has vuelto	te habías vuelto
él, ella, Ud.	se vuelva	se volviera	se ha vuelto	se había vuelto
nosotros	nos volvamos	nos volviéramos	nos hemos vuelto	nos habíamos vuelto
vosotros	os volváis	os volvierais	os habéis vuelto	os habíais vuelto
ellos, ellas, Uds.	se vuelvan	se volvieran	se han vuelto	se habían vuelto

EXAMPLES

1. Me volví un joven muy paciente.
I turned into a very patient youngster.

2. Mi madre se vuelve nerviosa cuando llegamos tarde.
My mother becomes nervous when we arrive late.

3. Nos volvemos traviesos cuando el profesor está ausente.
We become naughty when the teacher is absent.

4. Gente perezosa me vuelve loco.
Lazy people drive me mad.

5. Se volvieron unas chicas simpáticas después del castigo durante la hora de comer.
They turned into nice girls after the detention during lunch.

6. Nos estamos volviendo bastante decepcionados con el gobierno.
We are becoming quite disappointed with the government.

7. Creo que me estoy volviendo muy preocupado con los exámenes.
I believe I am becoming very worried about the exams.

Exercise 30.1 Write in each box the letter that corresponds to the correct conjugation of the verb 'volverse' in the **preterite** based on the subject given.

Él ☐

A. se volvió
B. nos volvimos
C. se volvieron
D. me volví

Nosotros ☐

E. se volvieron
F. nos volvimos
G. te volviste
H. os volvisteis

Yo ☐

I. me volví
J. te volviste
K. os volvisteis
L. se volvieron

Ellos ☐

M. se volvió
N. te volviste
O. os volvisteis
P. se volvieron

Exercise 30.2 Write in each box the letter that corresponds to the correct conjugation of the verb 'volverse' in the **simple future** based on the subject given.

Nosotros ☐

A. se volverá
B. nos volveremos
C. se volverán
D. me volveré

Ellos ☐

E. se volverán
F. nos volveremos
G. te volverás
H. os volveréis

Tú ☐

I. me volveré
J. te volverás
K. os volveréis
L. se volverán

Yo ☐

M. me volveré
N. os volveréis
O. nos volveremos
P. se volverán

Exercise 30.3 Match the Spanish with the English.

A. ☐ Los alumnos se están volviendo cada vez más vagos.

B. ☐ Últimamente, los profesores se han vuelto muy cansados.

C. ☐ Su curso de periodismo se volvió cada vez más pesado.

D. ☐ En algunas regiones no ha llovido así que algunos ríos se han vuelto secos.

E. ☐ Después de un corto verano, el tiempo se está volviendo frío.

F. ☐ El aire se volverá mejor con los coches eléctricos.

G. ☐ Mi novia se ha vuelto muy celosa cuando salgo con mis amigos.

H. ☐ Al oír su nota la chica se volvió muy seria.

1. His course in journalism became harder and harder.

2. It has not rained ins some regions, so some rivers have become dry.

3. After a short Summer, the weather is turning cold.

4. My girlfriend has become very jealous when I go out with my friends.

5. The air will become better with the electric cars.

6. In hearing her grade, the girl became very serious.

7. Teachers have become very tired lately.

8. The pupils are becoming lazier and lazier.

31. Hay / Había / Hubo / Habrá / Habría

	Indicative			
Present	Imperfect	Preterite	Simple Future	Conditional
hay	había	hubo	habrá	habría
there is/there are	there used to be	there was	there will be	there would be

Exercise 31.1 Match the Spanish with the English.

A. ☐ Hay muchos caballos y conejos en la granja de mis abuelos.

B. ☐ Hay mucha comida sana en el comedor de mi instituto.

C. ☐ En el hotel que mis padres se alojaron no había ni piscina ni salón de fiestas.

D. ☐ Había unas canchas de baloncesto en el polideportivo, pero nada más.

E. ☐ Ayer hubo un concierto en el parque cerca de mi casa.

F. ☐ Anoche hubo un accidente en la calle.

G. ☐ El en futuro habrá más coches eléctricos y bicicletas en las calles.

H. ☐ Pronto no habrá aire limpio si no reducimos los gases de escape.

I. ☐ Si gobiernos no fueran corruptos, habría casa y comida para todos.

J. ☐ Si el instituto no fuera tan estricto, habría más recreos durante el día.

K. ☐ Si hubiera más zonas peatonales, no habría tantos coches en las calles.

1. In the hotel my parents stayed, there was neither a swimming pool nor a party room.

2. Yesterday there was a concert in the park close to my house.

3. There were some basketball courts in the Sports Centre but nothing else.

4. Soon there will be no clean air if we don't reduce exhaust fumes.

5. Yesterday evening there was an accident on the road.

6. In the future there will be more electric cars and bicycles on the road.

7. There's lots of healthy food in my school canteen.

8. There are lots of horses and rabbits in my grandparents' farm.

9. If school was not so strict, there would be more breaks during the day.

10. If there were more pedestrian zones, there wouldn't be so many cars on the roads.

11. If governments were not corrupt, there would be housing and food for everybody.

Exercise 31.2 Use the prompts given between brackets AND 'hay' to write two sentences about each picture.

Ex. (many houses in the background)

En la foto hay muchas casas al fondo.

A. (a small beach)

_____

B. (some children playing in the water)

_____

C. (some computers)

_____

D. (some boys playing with the computer)

_____

32. HAY QUE

= One must/You must, One has to/You have to.

Exercise 32.1 Translate into English.

A. Hay que llegar al instituto a las ocho y media.

_____

B. Hay que llevar una chaqueta azul y unos pantalones grises.

_____

C. Hay que llevar una corbata y una camisa blanca.

_____

D. Hay que llevar unos zapatos negros y unos calcetines grises.

_____

E. Hay que llevar un estuche.

_____

F. Hay que comer en el comedor.

_____

G. Hay que cuidar las instalaciones del instituto.

_____

H. Hay que escuchar a los profesores.

_____

I. Hay que mostrar respeto hacia los compañeros.

_____

J. Hay que reciclar el papel y las botellas de agua.

_____

K. Hay que escribir los deberes en la agenda.

_____

L. Hay que hacer los deberes todos los días.

_____

Exercise 32.2 Use these prompts to write sentences with 'hay que'.

Ex. To recycle more.
　　Hay que reciclar más.

A. To protect the environment.

_____

B. To use less water.

_____

C. To save energy.

_____

D. To use less chemical products.

_____

E. To use rechargeable batteries.

_____

F. To reuse shopping bags.

_____

G. To wash your hands before and after eating.

_____

H. To eat five portions of fruits or vegetables every day.

_____

I. To look after your health.

_____

J. To drink two litres of water every day.

_____

K. To have breakfast every morning.

_____

L. To eat less junk food.

_____

33. Gustar and Gustar-like verbs

GUSTAR = To like	Me gusta... + a singular noun or an infinitive ... el aire libre. ... la fotografía. ... el mar. ... montar en bici, sacar fotos, nadar en el mar.	Me gustan... + plural nouns ... los pájaros. ... los pasteles. ... los coches rápidos. ... los dibujos animados.
ENCANTAR = To love	Me encanta... + a singular noun or an infinitive ... la música. ... el baloncesto. ... el cine. ... escuchar música, jugar al baloncesto, ir al cine.	Me encantan... + plural nouns ... los deportes. ... las fiestas españolas. ... la música y el cine. ... los caramelos.
DOLER = To hurt	Me duele... + a singular noun or an infinitive ...la cabeza. ...la pierna derecha. ...la espalda. ...hacer ejercicio.	Me duelen... + plural nouns ... los oídos. ... las piernas. ... los ojos. ... las manos.
MOLESTAR = To annoy, to bother	Me molesta... + a singular noun or an infinitive ... el tráfico. ... la basura. ... el aire contaminado. ... hacer los deberes.	Me molestan... + plural nouns ... los niños traviesos. ... los desechos. ... las matemáticas. ... las ciencias.
PREOCUPAR = To worry	Me preocupa... + a singular noun or an infinitive ... la pobreza. ... la situación de los sin techo. ... el fracaso escolar. ... salir por la noche.	Me preocupan... + plural nouns ... los gases de escape. ... los animales en extinción. ... las inundaciones. ... la grasa y el azúcar.

Exercise 33.1 Translate these sentences into English.

A. Me encantan las fiestas españolas porque son muy emocionantes.

_____

B. Me encanta la comida típica de España.

_____

C. Me molesta la gente vaga.

_____

D. Me molestan las personas tontas.

_____

E. Después de caerme de la bici me duele el codo.

_____

F. He caminado mucho hoy y ahora me duelen los pies.

_____

G. Me duele pensar en los exámenes el mes que viene.

_____

H. Me preocupa llegar tarde al instituto.

_____

I. Me preocupa el agujero de la capa de ozono ya que es muy malo para la salud.

_____

J. Me preocupan las inundaciones y la sequía porque afectan la producción de alimentos.

_____

K. Me preocupan los gases de escape porque contaminan demasiado el aire.

_____

L. Me preocupan los envases plásticos y los productos químicos porque son muy peligrosos al medioambiente.

_____

M. Me preocupa la situación de los sin-techo en invierno.

_____

34. REFLEXIVE VERBS 1

Indicative Mood

Reflexive verbs are used when we do an action for ourselves. In English they are used with the reflexive pronouns myself, yourself, him/herself, ourselves, themselves".

BAÑARSE: To bathe; To have a bath; To swim

	Present	Imperfect	Preterite	Simple Future	Conditional
yo	me baño	me bañaba	me bañé	me bañaré	me bañaría
tú	te bañas	te bañabas	te bañaste	te bañarás	te bañarías
él, ella, Ud.	se baña	se bañaba	se bañó	se bañará	se bañaría
nosotros	nos bañamos	nos bañábamos	nos bañamos	nos bañaremos	nos bañaríamos
vosotros	os bañáis	os bañabais	os bañasteis	os bañaréis	os bañaríais
ellos, ellas, Uds.	se bañan	se bañaban	se bañaron	se bañarán	se bañarían

DESPERTARSE: To wake up

	Present	Imperfect	Preterite	Simple Future	Conditional
yo	me despierto	me despertaba	me desperté	me despertaré	me despertaría
tú	te despiertas	te despertabas	te despertaste	te despertarás	te despertarías
él, ella, Ud.	se despierta	se despertaba	se despertó	se despertará	se despertaría
nosotros	nos despertamos	nos despertábamos	nos despertamos	nos despertaremos	nos despertaríamos
vosotros	os despertáis	os despertabais	os despertasteis	os despertaréis	os despertaríais
ellos, ellas, Uds.	se despiertan	se despertaban	se despertaron	se despertarán	se despertarían

DUCHARSE: To have a shower

	Present	Imperfect	Preterite	Simple Future	Conditional
yo	me ducho	me duchaba	me duché	me ducharé	me ducharía
tú	te duchas	te duchabas	te duchaste	te ducharás	te ducharías
él, ella, Ud.	se ducha	se duchaba	se duchó	se duchará	se ducharía
nosotros	nos duchamos	nos duchábamos	nos duchamos	nos ducharemos	nos ducharíamos
vosotros	os ducháis	os duchabais	os duchasteis	os ducharéis	os ducharíais
ellos, ellas, Uds.	se duchan	se duchaban	se ducharon	se ducharán	se ducharían

EXAMPLES

1. Nunca me baño en el mar porque no sé nadar.
I never swim in the sea because I cannot swim.

2. Generalmente los niños se despiertan muy temprano y hacen mucho ruido.
Usually, children wake up very early and make a lot of noise.

3. Siempre me ducho para ahorrar energía.
I always have a shower to save energy.

Exercise 34.1. Read these sentences containing reflexive verbs and choose the correct reflexive pronoun.

A. Todos los días **me/te** despierto a las ocho de la mañana.

B. Mi hermano **te/se** lava los dientes, pero no se ducha por las mañanas.

C. Durante las vacaciones **nos/os** despertamos muy tarde.

D. Mis amigos **se/te** despiertan más temprano que yo.

E. Nunca **me/os** baño. Prefiero ducharme.

Exercise 34.2 Complete these sentences with the **imperfect tense** of the verb in brackets.

A. Cuando era niño _____ muy temprano. (despertarse)

B. Mis hermanos mayores _____ más tarde. (despertarse)

C. Yo _____ todas las mañanas. (ducharse)

D. Toda mi familia _____ por la mañana. (ducharse)

E. No todos los días _____ los dientes porque era muy perezoso. (lavarse)

Exercise 34.3 Translate these sentences into English.

A. Me ducho todos los días por la mañana.

_____

B. Normalmente me despierto a las seis para ir al instituto, pero en el futuro tengo la intención de dormir más.

_____

C. Este sábado me despertaré más tarde porque iré a una fiesta el viernes por la noche.

_____

D. Cuando éramos niños nunca nos despertábamos después de las siete. Teníamos mucha energía.

_____

E. El verano pasado nos bañamos en la piscina al aire libre del hotel todas las tardes.

_____

F. Normalmente mis padres se bañan, pero mis hermanos y yo nos duchamos.

_____

35. REFLEXIVE VERBS 2

Indicative Mood

Reflexive verbs are composed of:
the person (yo, tú, él/ella, nosotros, vosotros, ellos/ellas) +
the reflexive pronoun (me, te, se, nos, os, se) +
the tense.

LAVARSE: To wash (oneself); to brush one's teeth

	Present	Imperfect	Preterite	Simple Future	Conditional
yo	me lavo	me lavaba	me lavé	me lavaré	me lavaría
tú	te lavas	te lavabas	te lavaste	te lavarás	te lavarías
él, ella, Ud.	se lava	se lavaba	se lavó	se lavará	se lavaría
nosotros	nos lavamos	nos lavábamos	nos lavamos	nos lavaremos	nos lavaríamos
vosotros	os laváis	os lavabais	os lavasteis	os lavaréis	os lavaríais
ellos, ellas, Uds.	se lavan	se lavaban	se lavaron	se lavarán	se lavarían

LEVANTARSE: To get up

	Present	Imperfect	Preterite	Simple Future	Conditional
yo	me levanto	me levantaba	me levanté	me levantaré	me levantaría
tú	te levantas	te levantabas	te levantaste	te levantarás	te levantarías
él, ella, Ud.	se levanta	se levantaba	se levantó	se levantará	se levantaría
nosotros	nos levantamos	nos levantábamos	nos levantamos	nos levantaremos	nos levantaríamos
vosotros	os levantáis	os levantabais	os levantasteis	os levantaréis	os levantaríais
ellos, ellas, Uds.	se levantan	se levantaban	se levantaron	se levantarán	se levantarían

VESTIRSE: To dress, to get dressed

	Present	Imperfect	Preterite	Simple Future	Conditional
yo	me visto	me vestía	me vestí	me vestiré	me vestiría
tú	te vistes	te vestías	te vestiste	te vestirás	te vestirías
él, ella, Ud.	se viste	se vestía	se vistió	se vestirá	se vestiría
nosotros	nos vestimos	nos vestíamos	nos vestimos	nos vestiremos	nos vestiríamos
vosotros	os vestís	os vestíais	os vestisteis	os vestiréis	os vestiríais
ellos, ellas, Uds.	se visten	se vestían	se vistieron	se vestirán	se vestirían

EXAMPLES

1. Mi hermana menor se lava el pelo largo sin ayuda.
My younger sister washes her long hair without help.

2. Me despierto temprano, pero me levanto a las ocho.
I wake up early, but I get up at eight.

3. Nunca me visto antes de las siete y media.
I never get dressed before seven thirty.

Exercise 35.1 Fill in the blanks with the correct form of the verb lavarse in the **present tense.**

A. Me _____ el pelo los fines de semana.

B. ¿Tú te _____ los dientes antes de dormir?

C. Mi amigo Juan nunca se _____ las manos antes de comer.

D. Nosotros nos _____ las manos cuando vamos al aseo.

E. ¿Vosotros os _____ los dientes por la mañana?

F. Los niños siempre se _____ los pies después de jugar bajo la lluvia.

Exercise 35.2 Fill in the blanks with the correct form of the verb levantarse in the **imperfect tense.**

A. Me _____ muy temprano cuando era más joven.

B. Tú, porque eras demasiado perezoso, te _____ al medio día.

C. Mi hermano más joven se _____ a las cinco de la mañana y empezaba a llorar.

D. Mi familia y yo nos _____ al amanecer para ir a la playa.

E. ¿Os _____ más tarde los fines de semana?

F. En el pasado, los ancianos se _____ temprano y se acostaban temprano también.

Exercise 35.3 Change these sentences from the present tense to the **imperfect tense**.

Ex. Ahora me lavo los dientes por la mañana.
Antes me lavaba los dientes por la mañana.

A. Ahora me levanto a las seis.

_____

B. Ahora me visto a las siete.

_____

C. Ahora mis hermanos se levantan as las ocho.

_____

D. Ahora mi madre se levanta temprano.

_____

E. Ahora mi padre se viste los sábados.

_____

36. THE IMPERATIVE MOOD

2nd person Tú → 3rd person Él/ella

The imperative mood is used to give orders/commands.
To form the imperative of **regular verbs** in the 'you' singular form, use the 3rd person of the singular in the present tense.
Ex. adivinas → adivina; comes → come; escribes → escribe

Exercise 36.1 Change these affirmative verbs in the 'tú' form to the **imperative mood**.

Ex. Tú adivinas
¡Adivina!

A. Tú apuntas

B. Tú buscas

C. Tú cambias

D. Tú completas

E. Tú contestas

F. Tú copias

G. Tú das

H. Tú decides

I. Tú describes

J. Tú diseñas

K. Tú emparejas

L. Tú encuentras

M. Tú escribes

N. Tú escuchas

O. Tú hablas

Exercise 36.2 Write these infinitive verbs in the second person of the singular of the imperative mood. Look out for irregular verbs.

Ex. ADIVINAR
¡Adivina!

A. HACER

B. INCLUIR

C. LEER

D. MENCIONAR

E. MIRAR

F. PONER

G. PRACTICAR

H. PREGUNTAR (A)

I. PREPARAR

J. SELECCIONAR

K. TRADUCIR

SILVIA SOTO REECE

The answers to this workbook are located at www.silviasotoreece.com

Web	www.silviasotoreece.com
Email	silviasotoreece@gmail.com
Telephone	+44 7309 711 858
Twitter	@SilviaSotoReece